미래
교사
마인드셋

미래 교사 마인드셋

© 생명의말씀사 2018

2018년 8월 14일 1판 1쇄 발행

펴낸이 | 김재권
펴낸곳 | 생명의말씀사

등록 | 1962. 1. 10. No.300-1962-1
주소 | 서울시 종로구 경희궁1길 5-9(03176)
전화 | 02)738-6555(본사) · 02)3159-7979(영업)
팩스 | 02)739-3824(본사) · 080-022-8585(영업)

지은이 | 최현식 · 이지훈

기획편집 | 서정희, 서희연
디자인 | 윤보람
인쇄 | 영진문원
제본 | 정문바인텍

ISBN 978-89-04-12171-7 (03230)

저작권자의 허락없이 이 책의 일부 또는 전체를
무단 복제, 전재, 발췌하면 저작권법에 의해 처벌을 받습니다.

미래 교사 마인드셋 Mindset

인공지능 시대, 교회학교를 리셋하다

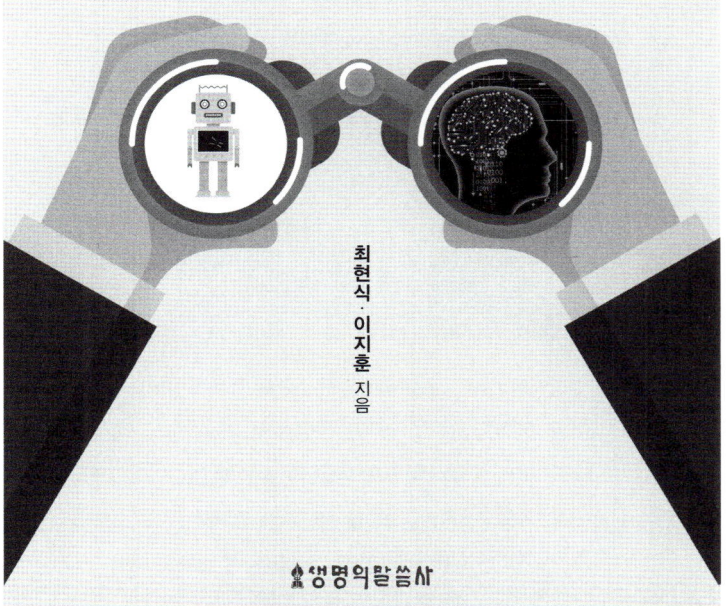

최현식 · 이지훈 지음

생명의말씀사

CONTENTS

프롤로그 • 6   에필로그 • 230

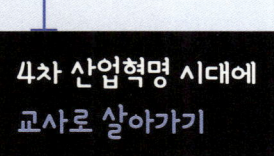

1. 4차 산업혁명 시대에 교사로 살아가기

1장 경제 상황을 이해하면 교육이 보인다 • 15
2장 기술이 지배하는 미래 세대의 교육 환경 • 25

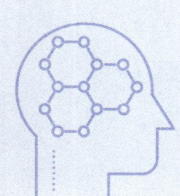

2. 미래 교사의 마인드셋

3장 하나님은 이 시대에 어떤 교사를 주목하실까? • 51
4장 미래 교사에게 필요한 '돌아섬'의 4가지 원칙 • 63
5장 미래 교사의 마인드 시스템은 순종과 헌신이어야 한다 • 81
6장 기도는 하나님 마음을 알아가는 최고의 길이다 • 101
7장 변하는 시대에 하나님이 기뻐하시는 선택을 하라 • 121

3 미래 교사의 티칭 포인트

8장 **오리진을 가르치라** • 137

9장 **변하지 않는 것을 가르치라** • 147

10장 **고난을 가르치라** • 157

11장 **열정과 도전을 가르치라** • 173

12장 **물질의 헌신을 가르치라** • 191

4 4.0 시대 인재의 조건

13장 **인공지능 시대의 인재상** • 207
- Sense 직관과 통찰력
- Method 조직적, 전략적인 사고
- Art 전문가 수준의 지식과 기술
- Relationship 친밀한 관계
- Technology 기술지능

프롤로그

누구도 대신할 수 없는 교사의 사명

우리 사회는 너무 피곤하다. 과열된 경쟁에서 비롯된 일시적인 피로감이라 생각했다. 시간이 조금 흐르면 자연스럽게 해결될 것이라고 여겼다. 조금만 이를 악물고 근성을 발휘해서 버티면 될 줄 알았다. 도처에서 자기계발과 치유를 돕는 처방전들이 제공되었다. 그런 처방전은 어느 정도 효과적인 것처럼 보였다. '다시 해보자'는 도전 정신이 되살아나는 듯했다.

하지만 얼마 지나지 않아 그런 기대가 부질없는 것이었음이 드러났다. 영양제인 줄 알고 맞았던 '노력과 열심' 주사는 일시적으로 기운을 북돋워주는 것 같았지만 약효가 지속되지 않았다. 오히려 부작용이 나타났다. 열심히 달려도 소용없다는 결론에 이르자

허탈감이 밀려든 것이다.

교회학교 교사도 이와 비슷한 단계를 밟는다. 처음에는 소명감과 기대에 부풀어 열정을 불태우지만 점점 지쳐간다. '힘들다, 올해는 쉬고 싶다'라고 한숨을 몰아쉬지만 쉴 수가 없다. 부서의 상황을 잘 아는 베테랑 교사일수록 자신의 부재가 동료 교사들과 공동체에게 얼마나 큰 부담으로 작용할지 알기에 그만둘 결정을 쉽게 하지 못한다.

세상은 또 다른 선택지를 제시한다. 좀 더 치열해지라고, 좀 더 열심을 내라고 다그치는 대신 '욜로'(YOLO, You Only Live Once)를 외친다. 한 번 사는 인생, 기회를 놓치지 말고 현재를 마음껏 누리라는 것이다. 이전보다 훨씬 근사하고 강력한 처방처럼 보였다. 저마다의 욜로 스토리가 소셜 네트워크를 타고 순식간에 전해졌다.

하지만 이것 역시 오래가지 않았다. 차고 넘치는 욜로 스토리 안에서 사람들은 깊은 허무에 또 빠지는 것이다. "저 사람은 저렇게 사는데 나는 뭐지?"라는 탄식을 내뱉으며 씁쓸해진 가슴을 쓸어내린다. 현재를 즐기는 건 좋지만 그 순간이 지나면 새롭다고 느껴지던 것이 어느새 지루해진다.

이제 우리는 세상이 내놓는 처방들로는 교사들이 겪는 문제를 근본적으로 해결할 수 없음을 깨닫게 된다. 세상 흐름에 몸을 맡겼다가는 깊은 피로와 회의에서 벗어날 수 없는 것이다.

4차 산업혁명의 교육

교사가 겪는 피로감은 4차 산업혁명 시대에 들어와 더해질지 모른다. 5년, 10년 뒤를 생각해보자. 교사인 당신에게는 미래가 기회인가 아니면 혼돈인가?

하루가 다르게 세상은 급변한다. 얼마 안 있으면 자율 주행으로 이동하는 자동차, 셰프 없는 식당이 등장할 것이다. 인공지능을 가진 로봇들이 일상 곳곳에서 우리와 함께할 것이다. 정보가 업로드, 다운로드되면서 새로운 가치로 재구조화되는 시대가 될 것이다. 당연히 학교의 정의와 교사의 역할이 지금과 달라질 수밖에 없고 교회교육과 교사의 역할 또한 달라질 것이다. 어쩌면 미래의 변화를 예측할수록 현재의 상황이 더욱 혼란스럽게 느껴질 수 있다.

한마디로 모든 것이 스트레스다. 그래서 질문만 남는다. "난 교사로서 무엇을 해야 하나? 교사라는 사명이 내게 맞는 것일까? 이런 시대에 나는 교사의 자격이 있는가?" 첨단 기술 앞에 주눅 들고 따라잡을 수 없는 변화 속에서 무력해진다. 하지만 이런 현실 앞에서 우리가 기억해야 할 것이 있다.

그래도 가장 중요한 건 언제나 '인간'이었고 하나님은 그 인간을 하나님의 사람으로 세워가길 원하신다는 사실이다. 하나님은 이 사명을 위해 우리를 부르셨다. 이것이 기술보다 앞서고 시대를 초월하는 그리스도인들의 명제임을 잊지 말아야 한다.

본질에 닻을 내리다

그렇다면 우리에게 필요한 처방은 무엇일까? 화초가 시들시들해지면 보통 흙을 갈아주거나 영양제를 공급한다. 하지만 이것은 일시적으로만 상태를 호전시킬 뿐이다. 본질적인 해결은 적절한 햇빛과 수분 공급에 있다. 지금 우리에게 필요한 것도 본질적인 처방으로 돌아가는 것 아닐까?

이 시대 교사들은 피상적인 가치들을 걷어내고 온 힘을 다해 본질로 들어가야 한다. 우리에게 본질은 무엇일까? 우리는 무엇을 가르치고 어디에 승부를 걸어야 할까?

명예, 권력, 자본, 성공… 우리는 인류 역사의 흥망성쇠를 목격하면서 이것들의 허망한 실상을 보아왔다. 하나님이 주시는 축복을 모두 무시하자는 이야기가 아니다. 그것이 본질이 아님을 말하는 것이다.

이 책은 우리 마인드의 중심을 본질에 놓기 위해 쓴 것이다. 교육 스킬을 다루는 책이 아니다. 교사의 사명을 더 오랫동안 건강하게 감당하기 위해 가르침의 본질로 돌아가자는 이야기를 하고 싶었다.

우리가 왜 본질에 주목해야 하는지, 이 시대가 왜 본질을 추구할 수밖에 없으며 이때 교사는 어떤 통찰을 가지고 사명을 감당해야 하는지, 교육 환경의 미래를 어떻게 전망하며 준비해야 하는지를 담았다. 이 책을 읽으며 우리의 마인드가 복음의 본질에 얼마나 가 닿아 있는지 점검할 수 있기를 바란다.

교사는 왜 특수한 사명일까?

교사들을 대상으로 강의할 때마다 빼놓지 않는 말이 있다. 바로 "교사란 다른 직분과 완전히 구별된다!"는 말이다. 이유는 간단하다. 대체할 수 없기 때문이다. 다른 사역들, 가령 주방이나 주차장 봉사 등은 자리가 비면 다른 사람으로 대체가 가능하다. 그러나 교사 직분은 상대적으로 대체가 쉽지 않다. 관계에 관한 사역이기 때문이다.

교사가 학생들과 관계를 맺는 데는 6개월 혹은 1년 이상의 긴 시간이 필요하다. 학생들을 하나님의 사람으로 세워가려면 그들의 생각을 읽고 그들의 마음과 만나야 하는데, 이는 말씀이 생명의 샘처럼 그들에게 흘러가야 가능하다. 그리고 말씀은 관계의 물살을 탈 때 비로소 그들에게 가닿을 수 있다.

한번 맺은 관계는 누군가에게 양도될 수 없는 것처럼, 관계를 통해 하나님의 사람을 세워가는 교사 직분도 누군가에게 양도될 수 없다. 고유하고 대체 불가한 사명인 셈이다. 교사란 생명을 회복시키고 생명으로 생명을 낳아가는 위대한 직임이다!

암울한 이 시대를 보라. 때로는 치유가 불가능하겠다는 생각이 들 정도다. 그리스도인들조차 안정적인 직장을 가지고, 스펙 좋은 배우자를 만나고, 건물주가 되어 마음껏 여행 다니는 것이 최고의 꿈이라고 말한다면… 참으로 서글픈 현실 아닌가?

그러나 걱정하지 않는다. 시대적 사명의 부르심에 순종하여 지금 이 자리에 나온 당신이 있기 때문이다. 이 위대한 자리에 당신은 초대되었고 그 초대에 응해 지금까지 달려왔다. 물론 지치고 힘들고 어렵다는 것을 안다. 당신도 회복이 필요하다.

본질만이 우리를 회복시키고 본질만이 사명을 이뤄갈 것이다. 이 책을 읽는 독자들이 잠시라도 쉬고 싶다는 마음을 돌이키고, 주님께 받은 교사의 직분을 위대한 사명으로 재발견할 수 있기를 기도한다.

이 책은 2006년에 출간한 『명품교사를 만드는 8가지 티칭 포인트』를 다시 정리하고 보완한 것이다. 13년간 세상이 많이 달라졌기 때문에 최적화 작업은 불가피했다. 그럼에도 변하지 않는 것이 있음을 알기에 이 책이 시간의 간극을 메우며 교회학교 교사와 한국 교회를 살리는 데 귀하게 쓰임받기를 기대한다.

아시아미래연구소장

최현식 목사

PART 1

4차 산업혁명 시대에 교사로 살아가기

교사는 이 시대에 부모와 가정의 대안이 되어야 한다.
아이들이 믿음의 반응을 할 수 있도록 권면하고 가르치며
보여주는 것이 교사의 가장 분명한 사명이다.

1장
경제 상황을 이해하면 교육이 보인다

　인간은 연약한지라 주변의 다양한 문제와 내면의 욕구, 결핍 등으로부터 영향을 받을 수밖에 없다. 아브라함도 자신의 생명을 부지하기 위해 아내를 누이라고 두 번이나 속이지 않았던가. 하지만 우리는 그가 믿음의 조상이 되는 것을 보면서 우리의 삶이 아브람에서 아브라함으로 변화되는, 하나님의 훈련 과정이라는 사실을 깨달아야 한다.

　우리 앞에 닥친 현실의 문제, 욕구, 결핍 등을 믿음으로 대처해야겠지만 우리는 결코 완벽한 실존이 아니며 말씀대로 살아가기 위한 훈련 도상에 있다. 자본주의 시대를 살아가는 우리는 경제 상황으로부터 영향을 받을 수밖에 없다. 자본의 힘이 막강할수록 그

영향력은 더 크다. 특히 부모가 인격적, 신앙적으로 미숙할 때 자녀는 경제 상황으로부터 더 심한 영향을 받게 된다.

올바른 길잡이가 되기 위해 교사는 국가의 경제 상황을 인지하고 그것이 부모와 자녀에게 어떤 영향을 미칠지 파악해야 한다. 이를 염두에 두고 우리의 현재 경제 상황을 살펴보도록 하자. 다음은 지난 10여 년의 연도별 경제성장률 추이다.

경제성장률 추이에 따르면 3년간 2%에 머물다가 2017년 들어

▶ 경제성장률 추이

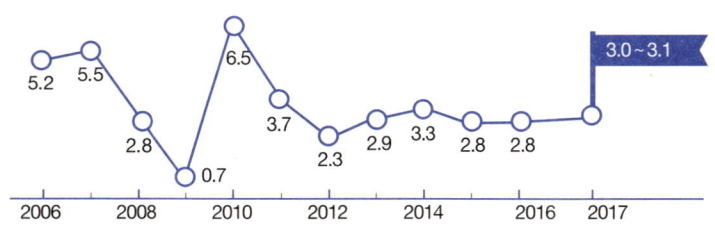

출처: 〈데일리안〉, 2017.12.18

▶ 경제성장률(1954-2016년)

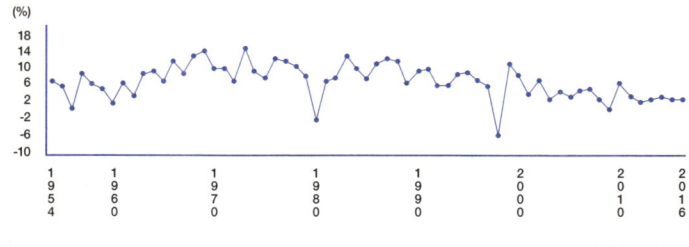

출처: 한국은행, 「국민계정」

3%로 오르는 회복 국면인 것처럼 보이지만 우리는 더 나아가 '이것이 지속 가능한 성장인지' 그리고 '저성장 추세를 전환할 수 있는 시스템 문제가 극복되었는지' 생각해봐야 한다.

우리는 고용 없는 성장, 저임금, 저출산, 고령화, 가계 부채, 부동산 등의 문제를 가지고 있다. 이러한 구조적 문제가 근본적으로 해결되지 않으면 성장을 가속화할 수 없을뿐더러 성장하더라도 그 성장이 추세적 전환의 신호탄이 될 수 없다.

실제적인 차원에서 성도들의 문제를 생각해보자. 성도들이 당장 고민하는 문제는 고용과 임금이다. 소득 증가 체감도가 떨어지는 이유는 크게 3가지로 볼 수 있다.

첫째, 소득 증가율이 실제로 낮다. 임금 상승은 국가와 기업의 역할이며 그들의 분배가 무엇보다 중요하다. 안타깝게도 한국의 임금 상승폭은 상당히 낮은 편이다. 물론 최저 임금이 오르긴 했지

▶ 분기별 소득 5분위 배율[1] 추이

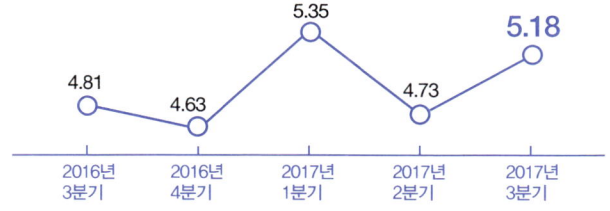

출처: 통계청

소득 상위 20% 계층(5분위)의 소득이 하위 20% 계층(1분위)에 견주어 몇 배나 되는지를 보여주는 소득 5분위 배율(가처분소득 기준)은 2017년 3분기에 5.18배로 2016년 3분기(4.81배)보다 악화했다.

만 기업들은 향후 경기 상황이 불확실하다는 이유를 들어 상여금 조정이나 노동 시간 조율로 최저 임금 상승폭을 상쇄하려는 꼼수를 부리는 실정이다.

소득 불평등도 심화되고 있다. 통계청이 발표한 가계 동향 조사에 따르면 2017년 3분기 최저소득층인 1분위(소득하위 20%) 가구의 월평균 소득(명목기준)은 141만 6,284원을 기록했다. 전년보다 0.04% 감소한 수치다.

반면 5분위(소득상위 20%) 소득은 894만 8,054원으로 전년 대비 4.7%나 늘었다.[2] 즉 빈곤층은 소득이 줄고 부유층은 소득이 늘었다는 것이다.

둘째, 소득 증가분에 비해 물가 상승폭이 상대적으로 크다. 소비자물가지수가 10% 상승하면 종전의 소득으로 구매할 수 있는 상품 및 서비스의 수량이 10% 감소한다. 이는 소득 주체가 종전의 소비 수준을 유지하기 위해 지출해야 하는 생계비가 10% 더 필요하다는 것을 의미한다.[3] 소비자물가지수는 평균적으로 2%대에서 움직이는 것으로 확인된다.

그렇다면 소득은 얼마나 올랐을까? 통계청에 따르면 2017년 3분기 월평균 가구 소득은 453만 7,192원으로 1년 전보다 2.1% 증가했다.[4] 2015년 3분기 이후 0%에 머물렀던 것에 비하면 크게 오른 셈이다. 그러나 물가상승률을 고려하면 오히려 실질소득은

▶ 분기별 가계 실질소득 증감률 추이

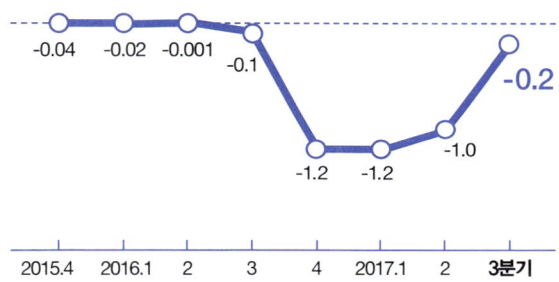

(단위: %, 전년동기대비)

자료: 통계청(전국, 2인 이상 가구 기준)

줄어들었다고 볼 수 있다.

　실질소득은 명목소득에서 물가 변동분을 제외한 소득으로, 439만 1,823원을 기록했다. 전년대비 0.2% 감소한 수치다. 쉽게 말해서 소득 상승률보다 물가 상승률이 더 높았다는 말이다. 실질소득은 2015년 4분기 이후 계속해서 마이너스를 기록하고 있어 국민들의 삶이 전혀 나아지지 않고 있음을 보여준다. 기업의 실적은 올라갔을지 몰라도 개인의 소득은 제자리인 것이다.

　셋째, 투자 소득 또한 낮다. 부채로 만들어낸 투자들은 그 부채 때문에 다시 제자리로 돌아올 가능성이 커진다. 데이터만 보면 경제 회복세인 듯하지만 성도들의 체감 지수는 어느 때보다 낮다.

교사가 주목해야 할 두 가지 상황, 불안과 갈등

이런 현실에서 교사는 두 가지 상황에 주목하며 교육적 역량을 발휘해야 한다. 첫 번째, 불안이다. 미래에 대한 불안감은 경제적 어려움이 닥칠 때 필연적으로 나타나는 현상이다. 경제가 불안해지면 기업의 구조조정이 진행된다. 이미 조선과 해운은 시작됐고 건설, IT가 뒤이어 진행될 가능성이 크다.

고용 불안정성이 커지면 자연히 생계 불안에 쫓기는 가정이 많아진다. 부채가 많은 경우라면 엄청난 스트레스를 받게 될 것이다. 이때 그리스도인은 두 가지로 반응할 수 있다. 하나는 신앙인답게 믿음으로 주님을 더욱 붙드는 것이다.

우리는 연약한 존재다. 환경에 쉽게 무너진다. 광풍이 내리쳐 배에 물이 가득하게 되었을 때 주무시던 예수님을 깨우며 "우리가 다 죽게 되었다"고 호들갑을 떨었던 제자들이 바로 우리의 모습이다. 믿음의 사람들은 세상 풍파와 어려움이 올 때 주님을 붙들어야 한다.

너희 염려를 다 주께 맡기라 이는 그가 너희를 돌보심이라(벧전 5:7).

이런 믿음이라면 염려할 것도, 문제될 것도 없다. 오히려 모든 상황을 하나님이 허락하신 훈련의 시간으로 받아들이면서 더 강력하고 진실하며 깊은 믿음의 자리로 나아가게 되기 때문이다.

문제는 또 다른 반응이다. 바로 하나님을 찾지 않는 모습이다. 힘든 상황일수록 하나님을 불신하고 그분에게서 돌아선다. 불안을 해소하기 위해 다른 방법을 찾기 시작한다. 이런 모습을 보고 자란 자녀는 어떻게 될까? 모든 사람은 뇌에 '거울신경세포'(Mirror Neuron)가 있어서 보고 들은 것을 따라한다. 자녀는 부모와 가장 밀착해 있는 존재로, 부모의 삶과 신앙을 가장 가까이 목격하고 모방하게 된다.

그러나 우리에게는 교사라는 또 다른 가능성이 있다. 거울신경세포는 가정뿐 아니라 삶의 전 영역에서 작동한다. 교사는 이 시대에 부모와 가정의 대안이 되어야 한다. 그들이 믿음의 반응을 할 수 있도록 권면하고 가르치며 보여주는 것이 교사의 가장 분명한 사명이다.

교사가 주목해야 할 두 번째 상황은 갈등이다. 가정 경제가 어려워질수록 혼란이 가중되고 부부간 갈등도 심화된다. 통계청이 발표한 2016년 이혼 사유 통계에 따르면 총 10만 7,300건 중 성격 차이가 4만 8,560건으로 가장 많았다. 둘째는 경제 문제(1만 928건), 다음은 가족 간 불화(7,927건) 순이었다.

성격 차이로 인한 이혼을 제외하면 경제 문제와 가족 간 불화가 가장 큰 비중을 차지한다. 이런 갈등은 당연히 자녀에게 악영향을 끼친다. 갈등 속에서 위태롭게 생존해야 하는 아이는 건강하게 자라갈 수 없다.

　에베소서에는 부부의 관계가 그리스도와 교회의 관계로 설명되어 있다. 그리스도와 교회는 서로 분리될 수 없는 유기적 관계다. 마찬가지로 창세기 2장 24절에 따르면 남자는 부모를 떠나 그의 아내와 합하여 한 몸을 이루게 된다. 즉 부부는 분리될 수 없는 언약적 인격체로 부름받은 것이다. 부부는 그리스도가 교회에게 하듯, 교회가 그리스도께 하듯 섬김과 사랑의 모습을 보여야 한다.

　따라서 가정이란 그리스도와 교회가 서로에게 어떻게 하는지를 교육하는 최고의 장소가 된다. 그런데 갈등하는 가정에서는 그리스도와 교회의 바른 관계 설정에 문제가 발생하고 이런 분위기에서 자란 자녀는 정서적, 신앙적으로 건강하지 못할 가능성이 크다. 교사는 이런 빈자리에 주목해야 한다.

　혼란스런 가정환경에서도 끝까지 믿음으로 성장할 수 있도록 돕는 견인차 역할을 해야 한다. 다니엘과 세 친구들이 고향과 부모를 떠나 볼모로 잡혀갔지만 끝까지 믿음의 자리에서 승리한 것처럼, 미래의 주역인 아이들이 어떠한 상황에서도 흔들림 없이 주를 바라볼 수 있도록 교사는 힘써 가르쳐야 할 것이다. 이런 의미에서 교사는 제2의 부모이며 제2의 가정이다.

미래 교사, 이것만은 알아두기!

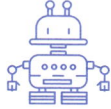

- 고용 불안, 가계 부채 증가, 소득 불평등 심화 등으로 한국 경제는 여전히 어둡다.
- 교사는 아이들이 생계 불안과 갈등에 힘겨워하는 가정환경 속에 있을지라도 흔들림 없이 주님을 바라보며 정서적, 영적으로 건강하게 자라가도록 제2의 부모, 제2의 가정 역할을 해주어야 한다.

인공지능을 이해해야 하는 이유는 이것이
미래의 지식 패턴과 지능, 인식과 통찰, 접근 방법에
방대한 영향을 끼칠 것이기 때문이다.
특히 그리스도인이라면 미래 사회에 복음을 전하기 위해
어떤 지적 자원을 활용할지, 어떤 접근법과 전략을
세워야 할지에 대한 통찰이 필요하다.

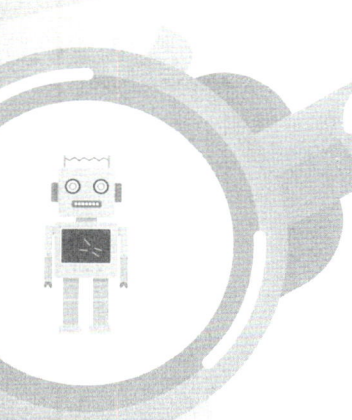

2장
기술이 지배하는 미래 세대의 교육 환경

 우리 사회는 4차 산업혁명 초입에 있다. 이는 3차 산업혁명 기반 사회에서 누렸던 생활방식, 이를테면 문화, 투자, 주거, 생산과 소비, 교육 등이 새롭게 재편된다는 의미다. 우리는 이제 새로운 시대를 준비해야 한다. 새로운 환경에 맞는 세계관을 정립하고 정신적, 신체적, 정서적 적응을 훈련해야 한다.

 교회 역시 마찬가지다. 미래 교육을 위한 새로운 접근법을 고민해야 한다. 본질은 변하지 않지만 본질을 전달하는 방식과 환경은 달라지기 때문이다. 그렇다면 4차 산업혁명이란 무엇일까? 그리고 4차 산업혁명 시대에 교사는 어떤 역할과 사명을 감당해야 할까?

 제러미 리프킨(Jeremy Rifkin)이나 클라우스 슈밥(Klaus Schwab) 같

은 주요 학자들은 관점에 있어서 약간의 견해차를 보이지만 종합적으로 볼 때 산업혁명은 에너지, 네트워크, 기술 이 세 영역에서의 변화를 중심으로 단계를 나눌 수 있다.

▶ 제1-4차 산업혁명의 특징

자료: 정보통신기술진흥센터

1차 산업혁명은 18세기 중엽 영국에서 시작됐다. 이때에는 석탄을 에너지원으로 하는 증기기관과 방적기가 발명되고 철도망이 구축되는 등 생산 수단에 큰 변화가 일었다. 또한 사람들이 일하는 방식과 기업을 운영하는 방식, 부를 창출하는 방식이 바뀌었다. 사회경제 구조도 크게 달라졌다.

2차 산업혁명 시대에는 석유를 에너지원으로 하는 내연 기관이 발명되고 전기를 이용한 대량생산 시스템이 구축되면서 산업에 큰 변화가 일었다. 경공업이 중공업으로 전환되며 자본주의가 급격히 발달한 것도 이 시대의 특징 중 하나다. 3차 산업혁명에서는 재생 가능한 에너지와 인터넷 기술이 결합해 네트워크 환경이 획기적으로 변하면서 정보와 디지털 중심의 지식정보화 사회가 시작됐다.

4차 산업혁명 시대, 무엇이 어떻게 바뀔까?

앞에서 살펴본 것처럼 산업혁명에서는 첫째, 혁명적인 기술이 등장하고 둘째, 에너지와 에너지 사용 기관의 변화가 나타나며 셋째, 철도에서 전기, 인터넷으로 이어지는 네트워크의 변화가 동반된다.

이렇게 세 가지 요건으로 살펴볼 때 현재는 4차 산업혁명에 막 진입하는 단계라고 볼 수 있다. 지금까지의 변화 속도를 미뤄보건대 4차 산업혁명은 머지않아 우리 세대 혹은 우리 다음 세대에 안착하여 모든 분야에 혁신적인 변화를 일으키며 새로운 라이프스타일을 만들어낼 것이다.

중요한 것은 이런 변화가 우리에게 낯설기만 하다는 것이다. 어느 누구도 4차 산업혁명을 경험한 이가 없다. 그리스도인들은 시대가 급변하더라도 이를 믿음으로 살아내며 변치 않는 복음을 증거해야 하는 사명자들이다. 지금 우리에게 필요한 것은 준비다. 준비된 교회와 교사만이 사명을 감당할 수 있다. 준비 없이 맞이하는 변화는 위기일 수밖에 없다.

4차 산업혁명을 통해 이전과 전혀 다른 상황이 펼쳐지면 복음을 전하는 방식도 마땅히 변화되어야 한다. 교사는 4차 산업혁명이 무엇인지, 그리고 환경적·사회적·기술적 변화에 직면한 사람들의 지적·정서적·심리적 특징은 무엇인지 정확하게 이해하고 이에 민첩하고도 효과적으로 대응할 수 있는 방법을 모색해야 한다. 그래야 급변의 시대를 살아가는 사람들이 진리의 말씀을 굳게 붙들고 견고하게 서도록 도울 수 있다.

4차 산업혁명 시대를 이끌어가는 인공지능!

4차 산업혁명의 핵심은 '지능혁명'이다. 인류는 항해혁명(15세기 초), 상업혁명(16세기 초), 산업혁명(18-20세기), 금융혁명과 정보혁명(20세기 중후반)을 거쳐 이제 지능혁명으로 향하고 있다.[5] 지능혁명이란 인간 지능의 획기적인 변화를 의미한다.

사회적인 차원에서 인공지능은 다양한 기술과 결합해 새로운 사업을 창조할 것이며 개인적 차원에서는 각 사람의 역량을 확장시킬 것이다. 물론 지능혁명은 아직 낮은 수준에 머물러 있다. 누군가에게는 미지의 영역일지도 모른다. 하지만 점점 빨라지는 속도로 끊임없이 진일보하며 방향을 잡아가고 있다.

여기서 잠깐 지능혁명의 핵심인 인공지능에 대해 살펴보자. 인공지능을 이해해야 하는 이유는 이것이 미래의 지식 패턴과 지능, 인식과 통찰, 접근 방법에 방대한 영향을 끼칠 것이기 때문이다. 특히 그리스도인이라면 미래 사회에 복음을 전하기 위해 어떤 지적 자원을 활용할지, 어떤 접근법과 전략을 세워야 할지에 대한 통찰이 필요하다.

마치 3차 산업혁명 시대를 맞아 자본의 영향력이 막강해지고 사회구조가 급변하고 인간이 부속품 같은 대체재로 인식되면서 인간 실존에 대한 근본적인 문제가 본격적으로 논의되었던 것과 같은 이치다.

인공지능은 인간의 지각 능력, 추론 능력, 언어 이해 능력, 학습 능력 등을 컴퓨터 프로그램으로 실현한 기술이다.[6] 즉 인공지능은 일종의 컴퓨터 소프트웨어로서 스스로 학습하고 정보를 여러 형태로 표현하며 사람과 커뮤니케이션한다.

낯선 이야기인 것 같지만 결코 그렇지 않다. 산업혁명 이래로 기계는 끊임없이 인간을 대체해왔기 때문이다. 차이가 있다면 3차 산업혁명의 기계지능은 단순히 물리적인 기능에만 국한되었던 데 반해 4차 산업혁명의 인공지능은 인간의 두뇌 영역으로까지 확장되었다는 것이다.

쉽게 말해 3차 산업혁명 시대의 기계는 사람의 노동만 대체할 뿐 사람의 생각은 대체하지 못했다. 자율성이 결여되어 있었다. 그러나 프로그래밍, 빅데이터, 로봇, 반도체 등 컴퓨터 기술이 발달하고 앨런 튜링(Alan Turing) 같은 컴퓨터 공학자들의 연구가 본격화되면서 인간과 유사한 사고를 자율적으로 할 수 있는 기계의 가능성이 제기되었다.

그 결과 현재 인공지능은 바둑, 장기, 체스, 퀴즈 등에서 사람을 이기고 암까지 진단하는 수준에 이르렀다. 인류의 문제, 욕구, 결핍에 대한 도전과 응전을 거듭해온 결과라 할 수 있다.

인공지능의 핵심은 '프로그래밍의 범위'와 '학습 자율성'이다. 과거의 소프트웨어는 어떠한 값을 얻기 위해 결과를 산출하는 전 과정을 프로그래밍했다. 가령 계산기를 만든다고 하면 모든 함수를 입력했다. 만약 뺄셈에 대한 함수를 프로그래밍하지 않으면 그 계산기는 뺄셈을 할 수 없었다. 한마디로 단순 기계인 셈이다.

반면 인공지능은 '학습하는 방법'만 프로그래밍하면 된다. 일례로 미로 찾기를 생각해보자. 우리는 미로찾기를 할 때 출발점과 도착점만 확인하고 이리저리 시행착오를 거친 후 길을 찾아낸다. 마찬가지로 인공지능도 출발점과 도착점, 길 찾는 학습 방법만 프로그래밍하면 몇 차례의 시행착오를 거쳐 확률을 계산하며 길을 찾아낸다. 자율성을 가지고 수행하는 것이다.

왜 이러한 인공지능을 개발하게 되었을까? 인류에게는 풀어야 할 난제가 무수히 많고 각 난제마다 알고리즘을 완벽하게 만들어 컴퓨터에 적용하기란 불가능하다. 그래서 이러한 난제를 해결하고자 고안한 것이 인공지능이다.

인공지능은 스스로 알고리즘을 만들고 작업을 수행한다. 물론 인공지능이라고 완벽할 수 없다. 시행착오를 거치고 경우의 수라는 확률에 의존한다. 그러나 인공지능은 컴퓨터다. 다시 말해 물리적인 시간을 단축시키고 효율성을 끊임없이 높여간다. 일정한 전력만 지속적으로 공급해준다면 쉬지 않고 일할 수 있다.

그렇다면 이런 질문이 생길 수 있다. "앞으로 인간의 모든 것은 기계로 대체된다는 말인가? 결국 인간은 기계에 종속되거나 지배당하게 될까?" 이 질문에 답변하기 위해서는 인공지능의 구조를 이해할 필요가 있다.

인공지능은 어떻게 작동하는가?

인공지능은 인간의 뇌 구조를 모방한다. 뇌 연구가 진보한 만큼 인공지능도 발전하는 것이다. 그러므로 지금은 당장 걱정할 필요가 없다. 과학자들이 연구해야 할 뇌의 신비가 아직도 무궁무진하기 때문이다. 실제로 우리는 뇌가 어디에, 어떤 방식으로 기억을 저장하는지 정확하게 밝혀내지 못했다.

한 연구에 따르면 우리의 기억 일부는 뇌뿐 아니라 심장, 허파와 같은 신체의 다른 기관에도 저장된다고 한다. 실제로 장기를 이식받은 환자는 전혀 새로운 기억을 갖게 되었는데, 놀랍게도 그 기억은 장기를 공여해준 사람의 것이었다. 이처럼 뇌의 신비는 빙산의 일각만큼만 밝혀진 상태다.

인공지능 역시 일련의 알고리즘 작동 모형을 모방하는 수준에 머물러 있다. 문제 해결을 위한 학습 가능 체계[7]로서의 인공지능은 기능 방식에 따라 크게 머신러닝과 딥러닝으로 나뉜다. 머신러닝(Machine Learning, 기계학습)이란 빅데이터를 분석해서 패턴을 찾고 예측과 결정을 끌어내는 방식을 말한다.

딥러닝(Deep Learning, 심층학습)은 인간 두뇌를 모방한 '심층신경망'(DNN, Deep Neural Network)을 갖는다. 심층신경망이란 입력

▶ 딥러닝을 위한 심층신경망(Deep Neural Network)

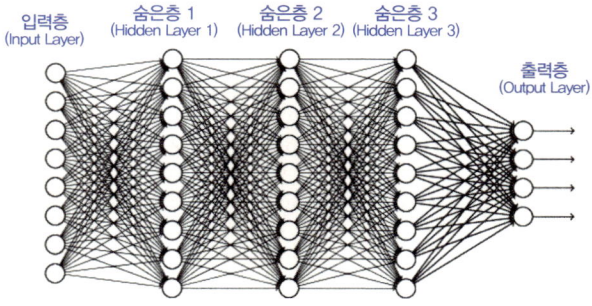

층(Input Layer)과 출력층(Output Layer) 사이의 여러 숨은층(Hidden Layer)들로 이뤄진 인공신경망(ANN, Artificial Neural Network)을 말한다. 다음은 딥러닝의 구조다.

그림에서 볼 수 있듯이 딥러닝은 여러 층으로 연결된 심층 구조를 가지며 이런 구조 자체가 학습할 수 있는 뇌의 기능을 한다. 입력층에 방대한 양의 데이터가 들어가면 거기서 각각의 특징이 추출·분류되고, 높은 수준의 추상화(Abstractions, 다량의 데이터나 복잡한 자료들 속에서 핵심적인 내용 또는 기능을 요약하는 작업)가 이뤄지면서 최적의 결과가 도출된다. 이런 체계에서는 사람의 가르침이 필요 없다.

예를 들어 고양이 사진을 주면서 '이것이 고양이'라고 알려주지 않아도 스스로 여러 개의 고양이 사진을 찾아보고 고양이의 특징을 발견하여 고양이라는 사실을 알아내는 것이다.

이러한 딥러닝 기술을 사용한 것이 알파고였다. 구글 연구원들은 프로 기사의 기보(棋譜) 3,000만 건을 프로그램화했고 알파고는 이 데이터를 활용해 스스로 대국을 진행하면서 최적의 수를 찾는 훈련을 했다.

앞으로 인공지능은 인류의 의사 결정에 상당한 영향을 미칠 것이다. 물론 수많은 경우의 수를 상정하고 시행착오를 겪으며 추상화 과정을 거쳐야 하지만 인공지능은 쉬지 않고 그 일을 할 수 있다. 피로감이나 감정의 동요 없이 사람보다 더 합리적인 판단을 내릴 수 있다. 게다가 서너 사람의 몫을 충분히 커버한다.

이러한 인공지능 확산은 고용에 상당한 영향을 미칠 것으로 보인다. 작년 세계경제포럼(WEF)에서 발표한 〈미래고용보고서〉는 로봇과 인공지능의 상용화로 앞으로 5년간 700만 개의 일자리가 사라질 것으로 전망했다.[8]

하지만 필자는 약간 다른 의견이다. 인간은 항상 도전과 응전을 거듭해왔다. 새로운 위기 앞에 속수무책으로 무너지지 않고 도전에 응하며 새로운 돌파구를 마련해왔다. 지난 역사를 돌이켜보라.

혁명적 변화들이 있었을 때 일자리 감소에 대한 우려도 있었지만 인류는 다른 형태로 일자리를 창출해냈다. 즉 인공지능의 발전이 일자리 감소로 이어지지 않는다. 위기와 기회가 같이 오듯 일자리의 소멸과 생성은 함께 올 것이다.

지금까지 우리는 지능혁명과 지능혁명의 핵심이 되는 인공지능을 살펴봤다. 인공지능이 발전하면 난제를 해결하는 시간이 단축되고 개인의 문제 해결 능력이 획기적으로 향상될 것이다. 이러한 혁명적 변화는 일상의 모든 영역에서 점진적이고도 빠른 속도로 일어날 것이다. 아직 시간이 남아 있다. 미리 변화를 살피고 대비한다면 말이다.

일, 소비, 지식의 개념이 바뀐다

앞으로 어떤 변화가 있을까? 크게 일, 소비, 지식의 개념에서 일어나는 변화에 주목해야 한다. 먼저 일의 개념을 살펴보자. 현재 우리가 일하는 방식은 어떠한가? 일반적으로 약속된 장소, 정해진 업무, 비슷한 환경에서 생산을 목적으로 하는 경우가 많다.[9]

그러나 미래에는 이런 방식에서 벗어나게 될 것이다. 지능혁명이 개인자본주의를 가속화할 것이기 때문이다. 다음은 『제4의 물결이 온다』에서 발췌한 내용이다.

> 지능혁명은 말 그대로 인간의 지능을 혁명적으로 발전시켜서 개인의 역량을 최고조로 높이게 될 것이다. 개인의 능력이 혁명적으로 증가하게 되면 자본주의의 중심이 상업이나 산업이 아니라 개인이 될 것이다. … 이전까지 개인은 사회나 국가, 상업이나 산업을 구성하는 개별 단위에 불과했다. 그리고 자본 축적을 위한 도구 중 하나였다. 하지만 21세기 지능혁명으로 완성될 개인자본주의 시대에는 도구나 구조의 일부가 아니라 자본 축적의 완성된 구조 자체가 될 것이다. 하위 요소가 아니라 주체가 되는 개인이 많아질 것이다. … 즉 개인자본주의를 구성하는 주체인 '능력이 혁명적으로 커진 개인'이 많아질수록 자본의 총량도 커진다. 그래서 개인자본주의 시대는 상업자본주의나 산업자본주의 시대보다 자본의 총량이 훨씬 더 커질 것이다(『제4의 물결이 온다』, 294-295p).

개인자본주의가 확대되고 가속화되는 시대에서 개인은 자신이 추구하는 목적에 따라 시간, 장소, 환경을 자유롭게 정해 일할 수 있게 된다. 지금은 생존을 위해서 비자발적으로 자신의 정체성을 잃어버린 채 노동 공동체에 있지만 미래에는 자기를 마음껏 표현하고 자신의 본모습을 간직한 채 노동하게 될 것이다.[10]

쉽게 말해 노동에 대한 인식과 방식이 변할 것이다. 개인자본주의가 가속화되면 사람들은 더 이상 생존을 위해 일하지 않는다. 산업혁명이 진행될수록 삶의 질적 수준이 높아진 것처럼 4차 산업혁명도 개인자본주의를 활성화하고 지금보다 더 나은 생활로 이끌 것이다. 그렇게 되면 더 이상 생존을 위한 노동은 의미가 없다.

생존을 위하지 않는다면 무엇을 위해 노동하게 될까? 아니, 인간은 노동을 멈출 것인가? 그렇지 않다. 노동은 인간의 본성이다. 하나님이 인간을 창조하면서 명령하신 사명이다. 누구나 한 번쯤 경험했겠지만 하루 종일 아무것도 하지 않고 있으면 좀이 쑤신다. 일주일, 한 달, 일 년을 그렇게 해보라. 쉼은 오히려 고통이 된다.

쉼은 노동을 전제로 한다. 사람들은 본능적으로 일을 통해 자신을 발견하고 자신을 조명하고 자신의 존재 의식을 경험한다. 자기 가치를 인정받으며 사회 충족성을 누린다. 절대적인 삶의 질이 올라가면 사람들의 인식은 변하기 시작할 것이다. 생존보다는 의미나 가치를 찾게 될 것이다. 자기 정체성에 맞는 일을 찾아 선택할 것이다. 미래는 그렇게 해도 부를 창출할 수 있는 시대다.

노동 방식에도 변화가 일어날 것이다. 물론 미래에도 기획을 하는 기업이 있고 제품을 만들어내는 공장이 있을 것이다. 그러나 노동의 '형태'는 달라진다.

예를 들어 이전에는 유형의 상품을 제작·유통하는 노동이 주를 이뤘다면 앞으로는 무형의 지식과 사람, 사람과 사물, 사물과 사물을 연결하는 네트워크를 기획·판매·유통하는 형태의 노동이 부각될 것이다.[11]

안타깝게도 현재 교육은 여전히 과거 패러다임에 갇혀 좋은 스펙, 좋은 대학, 고수익과 안정을 보장하는 직장을 추구하도록 가르친다. 교회도 예외가 아니다. 세상과 다를 바 없는 성공 개념과 기준을 이야기한다. 돈과 권력이 참된 성공이 아님을 알면서도 우리는 여전히 그러한 생각에 젖어 있다.

우리의 성공은 비전이고 우리의 자랑은 사명이어야 한다. 다윗을 성공한 사람이라 여기는 것은 그가 왕이 되어서가 아니다. 요셉을 성공한 인생이라 일컫는 것은 그가 30세에 총리가 되었기 때문이 아니다.

부한 자리든 가난한 자리든 믿음을 지키며 그러한 믿음의 고백으로 하나님께 인정받은 사람들이었기 때문이다. 그들이 비전과 사명을 위해 살았던 이들임을 우리는 주목해야 한다.

일하는 방식이 바뀌고 있다. 일의 방식이 바뀌면 생각의 방식이 바뀌고 문화와 가치관도 바뀐다. 더 이상 생존을 위한 노동이 아닌, 의미와 가치를 추구하는 노동으로 바뀐다. 이러한 변화 속에서 우리는 사람들에게 어떻게 다가서야 할까?

지능, 자율, 영생을 소비하는 사회

두 번째는 소비의 개념이 변한다. 노동의 개념과 형태가 달라지면 소비의 개념과 형태 역시 달라질 것이다. 이제까지는 유형의 것만 소비했다.

그러나 앞으로는 무형의 것도 소비 대상이 될 것이다. 새로운 지식이나 네트워크가 소비 영역에 진입하게 된다. 왜 사람들은 무형의 것을 소비하려고 할까? 미래는 '한계비용 제로 사회'가 될 것이기 때문이다.

한계비용은 재화나 서비스를 한 단위 더 생산하는 데 들어가는 추가 비용을 말한다(한계비용 = 총 비용의 변화량 ÷ 산출량의 변화량).[12] 쉽게 말해 물건 하나를 더 만들 때마다 추가로 발생하는 비용이다. 그런데 미래에는 이 비용이 제로에 가까워지게 된다. 제레미 리프킨의 예를 들면 책은 원고 가격(저자의 아이디어) + 편집(편집 비용) + 인쇄 가격(제조 비용)

+ 유통(유통 비용) + 도/소매상(유통 비용) 등 여러 단계를 거쳐 나온다. 책 가격은 이 모든 비용을 합한 것이 된다.[13] 그런데 여기서 원고 가격인 저자의 아이디어를 뺀 나머지에서는 한계비용이 발생한다.

이제는 제조와 유통 비용이 제로에 가깝게 되는 이런 현상이 나타나고 있다. 가장 쉽게 볼 수 있는 예가 인터넷에 올린 글들이다. 여기에는 제조 비용이나 유통 비용은 거의 발생하지 않는다. 발생하는 비용은 저자의 아이디어 비용과 통신망 이용비 정도다.

미래는 제반 기술 비용이 제로에 가까워질 것이다. 따라서 승부를 봐야 할 것은 기술을 활용하는 새로운 통찰 내지 아이디어가 될 것이다. 그럼 무형의 소비라는 것은 무엇일까?

출시되지 않은 상품을 네이밍할 수 없기 때문에 개념적인 측면을 키워드로 표현하자면 우리는 지능, 자율, 영생이라는 새로운 소비를 창출하게 될 것이다. 소비를 관심이라는 맥락으로 보면 우리는 성도들이 주로 관심 갖는 영역을 지능, 자율, 영생이라고 생각할 수 있다.

미래에는 사물이 지능을 갖게 된다. 사람들은 이 지능을 소비하려 할 것이다. 지능을 가진 사물은 사람들에게 더 많은 부가가치를 제공하며 일손을 덜어준다. 사람들은 효율성 면에서 우수한 새로운 지능을 구매하는 일에 힘쓸 것이다. 자율을 소비한다는 것은 곧 잉여의 시간을 확보한다는 의미다.

이를테면 자율 주행차를 생각하면 된다. 2020년 이후 자율 주행차가 확산되면 차를 구입한 개인은 운전 노동에서 해방되면서 동시에 잉여 시간을 얻게 된다.

그러면 그 시간에 잠을 자거나 화장을 할 수 있고 더 나은 미래를 위해 시간을 투자할 수도 있다. 식량이 대량생산화되면서 잉여 시간을 활용해 과학의 발전을 도모했던 인류의 역사를 보면 충분히 가능한 시나리오다.

교회 역시 새로운 잉여를 어떻게 활용할지 고민해야 한다. 잉여의 지능을 하나님을 더 아는 것으로 채우고, 잉여의 시간을 하나님을 만나는 시간으로 채울 수 있도록 도와야 한다. 교회학교의 새로운 모형이 필요할지도 모른다.

교회는 주입식 일방통행 교육 방식을 재수정하고 일주일에 한번 정해진 시간과 장소에 제한되어 있는 운영 방식의 한계를 극복하는 데 집중해야 한다. 앞으로는 언제 어디서나 의미와 가치를 충분히 구현할 수 있는 적극적 수준의 교육이 가능해지기 때문이다.

앞으로는 영생도 미래 소비자의 주된 관심사가 될 것이다. 오래 건강하게 살고자 하는 것은 인간의 기본 욕구이기 때문이다. 어떤 면에서 우리는 고대인에 비해 영생을 누리고 있기도 하다. 1,000년의 변화를 100년 혹은 10년간 단숨에 경험하기 때문이다. 기대

수명이 40여 년에 불과하던 조선시대에 비하면 100세 시대의 우리는 오늘날 훨씬 다채롭고 풍성한 삶을 누리는 것이다. 의료과학면에서도 우리는 이미 반(半) 영생에 접어들었다. 아픈 곳을 자연치유에 맡기기보다 고치고 갈아 끼우며 사이보그화를 자처한다.

의료과학, 컴퓨터 과학기술이 점점 발전해갈수록 인간은 언젠가 신의 영역까지 침범하려는 욕구에 휩싸이게 될지 모른다. 그러면서 단순히 오래 산다는 것에 머무르지 않고 본질적 차원의 질문으로 넘어가게 된다.

신이 아니지만 신처럼 되어가는 인간의 모습을 보며 신의 존재론적 측면과 인간의 본질, 사명 그리고 우주의 신비와 과거의 공리로 여겨졌던 수많은 대답에 대한 새로운 차원의 질문들이 쏟아질 가능성이다.

이 모든 것은 결국 성경에서 출발해 성경으로 답하고 결론지어야 할 것들이다. 교사는 이러한 대답을 준비하는 것이야말로 교사의 큰 역할이요, 그렇게 하지 않는다면 직무유기라는 거대한 실책을 만들 수 있다는 점을 잊지 말아야 한다.

암기보다 직관과 통찰

세 번째는 지식에 대한 개념이다. 지능혁명 시대에는 지식이 빠르게 변화하고 폭발적으로 증가할 것이다. 2011년 전 세계 정보량은 1.8제타바이트였다. 1.8제타바이트는 1.8조 기가바이트다. 그러나 인공지능이 대중화되면서 데이터는 이보다 훨씬 많아질 것으로 분석된다.

미국의 IT 부문 시장조사 기관인 IDC는 전 세계 연간 생성 데이터가 향후 2025년까지 163제타바이트로 증가할 것이라고 분석했다.[14] 2011년과 비교하면 약 100배 늘어난 양이다.

지식 수명도 짧아질 것이다.[15] 특히 실용지식은 수명이 3년도 채 되지 않을 텐데 이는 반도체 기업들이 3년 전에 개발한 기술을 더 이상 사용할 수 없게 된다는 의미다. 그래서 현장 근로자들은 주기적으로 새로운 기술 지식을 배워야 한다.

이제는 지식을 소비하는 시대다. 단순히 지식을 쌓기 위한 암기보다 직관이나 통찰을 중시하는 시대다. 필요한 지식은 클라우드에서 내려받으면 되고 인공지능으로 탐색, 분류, 확인하면 된다. 이제는 더 이상 암기력이 지성의 판단 기준일 수 없다.

그렇다고 책을 읽지 말고 지식을 쌓지 말라는 이야기가 아니다. 기본적인 지식과 소양은 필요하다. 문학, 역사, 철학 등의 인문학 분야를 공부함으로써 지식을 분류, 연관, 확장, 재구조화할 수 있는 통찰력을 훈련해야 한다.

교회도 단순히 성경 지식만을 추구할 것이 아니라 그 지식을 해석하고 적용할 수 있는 통찰력을 가르쳐야 한다. 기독교는 지식을 전달하는 공동체가 아니다. 텍스트만 전하는 것은 의미가 없다. 그 지식을 잘 적용하고 실천할 수 있어야 한다. 변하지 않는 진리로 사회의 변화를 이뤄가야 한다. 물론 기독교의 진리는 그 자체로 능력이며 하나님이 친히 일하신다.

그러나 기억해야 할 것은 하나님이 인간을 도구로 사용하신다는 사실이다. 하나님은 바로 우리를 사용하기로 작정하셨다. 그렇기에 우리는 사명을 가지고 주어진 임무를 완수해야 한다.

변화되는 교육 환경을 먼저 이해하고 활용하라

교육 환경은 어떻게 바뀔까? 첫째, 실용지식을 위한 평생학습이 대중화될 것이다. 미래에 대한 불확실성이 커지고 실용지식의 수명이 짧아지면서 새로운 지식을 업데이트할 필요가 있기 때문이다. 더불어 평생학습을 위한 방편도 다양화될 것이다.

전 세계 유명 대학의 명강좌를 들을 수 있는 교육 플랫폼 무크(MOOC, Massive Open Online Course)는 현재 세계 어느 지역에서나 이용할 수 있다. 국내에도 e-러닝 같은 인터넷 기반의 평생학습 플랫폼이 활발히 보급되고 있다.

미래에는 이것이 좀 더 발전해 각 개인의 수준과 상황에 따라 학

습 진도를 달리하고 다양한 과제를 제공하는, 인공지능 기반의 맞춤형 교육이 가능해질 것이다.[16]

기독교 교육도 이제는 개인 맞춤형 시대에 대한 대비가 필요하다. 특히 신앙은 개개인의 상황과 성향이 천양지차인 데다 보편적인 주제여도 개별적 답변이 요구되는 경우가 많기 때문에 신앙의 개별적 성장에 초점을 맞춘 교육이 절실하다.

개인의 관심과 필요에 따른 맞춤형 교육을 전개하는 데 있어 앞으로 인공지능의 역할이 커질 것이다. 그렇게 되면 기존 교육 환경도 변하게 된다.

그간 교육은 교사와 학생이 일정한 장소에서 잘 조직된 교육 내용을 가지고 체계적으로 진행하던 교육이었다. 이러한 교육을 형식 교육이라고 한다. 반면 비형식 교육이 있다. 비형식 교육은 형식 교육의 반대라고 생각하면 된다. 학교 교육 이외의 다양한 형태로 이뤄지는 교육이다.[17]

예를 들어 재택 학습, 탐방 학습 등 생활 경험이 이뤄지는 모든 장소가 학습 공간이 된다. 인공지능과 로봇, 가상현실 교육 등이 본격화될 경우 이러한 비형식 교육은 더 활성화할 것이다. 또한 집단 지성을 활용한 협업, 공유 학습 중심의 교육도 확산될 것이다.[18]

둘째, 문제 해결 능력을 강화하기 위한 실무 중심의 교육이 이뤄질 것이다. 미래에는 인공지능과 협력하고 시간을 디자인하며 인간의 문제와 욕구, 결핍을 통찰할 수 있는 사람이 인재가 된다. 그러려면 인간과 기계 사이를 파고들 수 있는 직관과 상상력이 풍부해야 한다.[19]

코딩 기술도 필수다. 코딩에서 새로운 생산 수단이 창출되고 창의적 발상이 만들어지기 때문이다. 그렇다고 프로그래머가 되라는 이야기는 아니다. 영어보다는 코딩 역량을 키우는 데 에너지를 쏟는 것이 훨씬 효율적이라는 의미다.

여기에는 인문학적 사고 교육이 필요하다. 인문학적 사고를 통해야 인간의 문제, 욕구, 결핍을 통찰할 수 있기 때문이다. 그리스도인들은 이를 전도의 측면에서도 잘 활용할 수 있기를 바란다. 인문학적 관점에서 볼 때 성경은 창조의 섭리 안에서 인간의 문제, 욕구, 결핍을 잘 조명하고 있으며 결국 인간이 세상을 어떻게 살고 어떤 선택을 해야 하는지에 대한 가장 좋은 답변을 하고 있다.

신의 섭리 안에서 인류 문제의 근본적인 해결책을 찾을 수 있다는 관점에서 볼 때, 인문학은 교회가 선교적 차원의 소통을 위해서라도 가장 집중해야 할 분야 중 하나라고 볼 수 있다.

마지막으로 셋째, 미래의 교육은 단순한 지식 전수보다 통찰 훈련을 강조할 것이다. 형식 교육보다 비형식 교육이 활성화되면서 교사의 역할에도 큰 변화가 일 것이다. 물론 기본적인 형식 교육은 필요하겠지만 이전과 같은 단순 암기 교육은 사라질 것이다. 왜냐

하면 단순한 자료들은 온라인에 차고 넘치며 그것도 인공지능이 선별해서 알려줄 것이기 때문이다. 앞으로는 지식의 양보다 질이 중요해진다. 그 지식을 어떻게 활용하는지가 중요해진다.

그런 측면에서 교수와 교사는 가르치는 사람(teacher)에서 조언하는 사람(mentor)으로 변화되어야 한다. 지식을 단순히 전달하는 차원에 머물지 말고 학습 방법을 일깨우고 동기를 불어넣을 수 있어야 한다.[20] 기독교 교육의 핵심이 여기에 있다.

미래 교사, 이것만은 알아두기!

- 1-3차 산업혁명을 지나 이제는 4차 산업혁명 초입에 있다. 이는 생활양식과 세계관 등이 획기적으로 재편된다는 것을 의미한다.

- 4차 산업혁명의 핵심은 인공지능이다. 인공지능은 빅데이터 분석을 통해 단순히 패턴을 찾아가는 '머신러닝'에서 자율적 학습, 추상화 작업을 진행하는 '딥러닝'으로 변하고 있다.

- 4차 산업혁명 시대에는 인공지능과의 협력에 필요한 상상력, 직관, 통찰, 코딩 역량 등이 요구된다. 실용지식의 수명이 짧아지면서 평생학습이 대중화되고 있다. 인공지능 기반의 '맞춤형 학습'도 보편화될 전망이다. 과학기술이 인간의 노동을 대신하면서 잉여 시간도 많아질 것이다.

- 교회는 미래 사회의 변화에 발맞춰 새로운 방향성을 고민해야 한다. 본질은 변하지 않지만 본질을 전달하는 방식과 환경, 관점은 달라져야 한다.

4차 산업혁명 시대에는 복음 전도의 방식도 변한다. 교사는 4차 산업혁명이 무엇인지, 환경적, 기술적 변화에 직면한 사람들의 지적, 심리적 특징이 어떠한지 이해해야 한다. 그래야 급변의 시대를 살아가는 사람들을 효과적으로 도울 수 있다.

PART 2

미래 교사의 마인드셋

교사의 권위를 회복하기 위한 가장 중요한 덕목은 '섬김'이다.
영적 스승의 권위는 절대적으로 '십자가'에 있다.
우리에게 그 십자가는 섬김이다.

3장
하나님은 이 시대에 어떤 교사를 주목하실까?

몇 년 전 모 항공사의 '땅콩 회항' 사건이 알려지면서 우리 사회의 뿌리 깊은 병폐인 갑질 문화가 수면 위에 올랐다. '태움'이라 불리는 간호사들의 가혹 행위를 비롯해 영화감독, 대학교수, 군인, 검사, 문인, 재벌가 등 사회 각계각층 인사들의 상습적인 폭언과 폭행, 성 희롱 등이 봇물 터지듯 폭로되었다.

이제 지배, 피지배 계층 사이의 고질적인 부조리를 더 이상 좌시하지 않는 사회가 된 것이다. 갑질이란 갑을관계에서의 '갑'에 어떤 행동을 뜻하는 접미사인 '질'을 붙여 만든 말로, 권력의 우위에 있는 갑이 권리 관계에서 약자인 을에게 하는 부당 행위를 통칭하는 개념이다.[21] 힘 있는 자가 힘없는 자를 상대로 힘을 부당하고도 지나치게 사용하는 모든 행위는 갑질이다.

우리는 권력이 권력답게 사용되지 못하는 안타까운 사회에서 살아간다. 더 큰 문제는 갑질의 일상화다. 많은 전문가들은 "갑질이 돈과 권력을 가진 특권층 혹은 성격 장애가 있는 일부 사람들에게만 해당되는 문제가 아니라"며 "평범한 사람도 손님 입장에서 심심찮게 가해자가 될 만큼 갑질이 우리 사회에서 일상화되어 있다"고 진단한다.[22]

일상의 작은 영역에서도 여러 형태의 갑질이 나타나고 있는 것이다. 갑질은 위아래 아무것도 없고 오직 자신만이 중요하다는 식의 삶의 태도가 반영된 것이다. 그리스도인의 경우엔 하나님이 없는 것처럼 살아가는 위험한 태도이기도 하다.

갑질의 이면에는 불안과 공포, 열등감이 존재한다. 이런 감정과 더불어 타인에게 인정받고 싶은 욕구가 건강하지 못한 방식으로 표출되고 전염되는 것이 갑질이다. 물이 위에서 아래로 흐르듯, 갑질을 당한 사람은 자기보다 상대적으로 약자인 사람에게 자신의 감정과 욕구를 폭력적으로 쏟아낸다.

이런 갑질 현상의 원인은 무엇일까? 여러 측면에서 논의될 수 있지만 무엇보다 성도를 성도답게 훈련하지 못한 교회에 큰 책임이 있다. 생각해보자. 복음을 전하고 가르쳐야 하는 우리는 갑질을 하는 이들에게 '회개'를 촉구했던가? "당신은 진정한 주님의 제자가 아니다"라고 강하게 경고했던가?

이는 한국 교회의 교사들에게 심각한 질문이 된다. 갑질 문제가 아니더라도 지금 이 시대는 주님의 제자로 살지 못하는 성도들에게 교사로서 타당한 권면을 하기가 쉽지 않은 시대다. 성경은 우리에게 분명히 말한다.

> 너희는 스스로 조심하라 만일 네 형제가 죄를 범하거든 경고하고 회개하거든 용서하라 만일 하루에 일곱 번이라도 네게 죄를 짓고 일곱 번 네게 돌아와 내가 회개하노라 하거든 너는 용서하라 하시더라(눅 17:3-4).

갑질 사회에서 교사는 큰 갈등에 직면하게 된다. 하나님이 없는 것처럼 살아가는 이들에게 하나님의 하나님 되심을 가르쳐야 하는가 아니면 그냥 두는 편이 나은가? 하나님은 어떤 사람을 영적 교사로 인정하시겠는가? 엄밀히 말해서 가르치기를 포기하는 것은 우리의 선택일 수 없다.

물론 이 세대가 타자의 경고를 듣고 싶어 하지 않고, 이익이 되는 말과 칭찬해주는 말만 듣고 싶어 하는 것은 분명하다. 진정성 있는 권면이 좀처럼 통하지 않는 시대다. 하지만 교사는 듣지 않는 것에 대해 분노하거나 체념하기보다 일단은 말해야 한다. 듣지 않는 것은 그들의 책임이지만 권면하지 않고 침묵하는 것, 듣지 않는 상황을 방조하는 것은 우리 '교사'의 책임이다. 갑질이 일상처럼 자행되는 사회에서 교사는 듣지 않는 세대를 한탄하기보다 들려줄 수 있는 영적 권위를 회복해야 한다.

그렇다면 영적 권위를 회복하기 위해, 하나님께 인정받는 스승이 되기 위해 어떻게 해야 할까? 사람에 따라, 상황에 따라 다양한 답이 나올 수 있다. 여기서는 갑질 사회와 관련해 두 가지를 생각해보려고 한다.

섬김은 가장 설득력 있는 화법이다

갑질 사회에서 교사의 권위를 회복하기 위한 가장 중요한 덕목은 '섬김'이다. 영적 스승의 권위는 절대적으로 '십자가'에 있다. 십자가가 아니었으면 우리는 스승이 될 수도 없었다. 우리에게 그 십자가는 '섬김'이다.

> 인자가 온 것은 섬김을 받으려 함이 아니라 도리어 섬기려 하고 자기 목숨을 많은 사람의 대속물로 주려 함이니라(마 20:28).

갑질이 만연한 이 시대는 힘의 논리가 지배하는 시대다. 힘의 충돌로 지쳐 있는 세상 사람들은 신앙인들에게 '예수님처럼 섬기는 삶'을 기대한다. '공관병 갑질' 사건이 그토록 거센 공분을 일으켰던 이유는 '십자가를 붙들고 산다, 소명을 따라 산다'는 그리스도인이 섬김의 본을 보이기는커녕 십자가와 전혀 무관한 삶, 절대 권력을 휘두르는 삶을 살았기 때문이다.

갑질로는 복음이 전해질 리 없다. 상석에 앉아서 부당하게 힘을 행사하는 사람의 말을 누가 귀담아 듣겠는가? 십자가는 곧 섬김이요, 이것만큼 강력한 설득력을 가진 언어는 없다. 한편 어느 심리학자는 "인정 욕구를 바람직한 방향으로 풀어야 한다. 이를테면 겸손이 사회적으로 중요한 가치가 되면 사람들은 자신을 낮추며 인정 욕구를 채우고자 할 것이다"라고 말한 바 있다.[23]

우리는 교사로서의 영적 권위를 회복하고 사회에 새로운 가치 기준을 세우기 위해 섬김을 몸소 보여야 한다. 학생들이 섬김을 내면화하고 이를 행동 기준으로 삼도록 이끌어야 한다.

자기 결점을 인정하라

힘을 우상시하는 갑질 사회에서는 자신의 결점을 드러내고 인정하기가 결코 쉽지 않다. 특히 '남자는 울면 안 된다'는 전통적인 사고가 지배적인 한국 사회에서는 작은 실수나 약점이 좀처럼 용납되지 않는다. 심지어 죄악시되기도 한다. 하지만 과연 그렇게까지 위험하고 수치스러운 일일까? 관점을 약간만 바꿔보자.

세계적인 광고 회사인 DDB 월드와이드(Doyle Dane Bernbach Worldwide)는 약점을 솔직하게 인정하는 전략으로 유명하다. 사실 이는 마케팅의 매우 유효한 전략 중 하나로 여겨진다.

가령 미국의 아비스(AVIS) 렌터카도 동일한 광고 전략을 채택했다. 당시 미국 렌터카 시장은 헤르츠(Hertz)가 거의 독점하다시피 했다. 아비스는 "우리는 2등입니다. 그렇기 때문에 더욱 열심히 노력하겠습니다"라는 광고 문구를 채택했고 그 광고는 기대 이상으로 위력을 발휘했다.

경쟁사인 헤르츠 직원들은 경계심을 풀고 심지어 동정하는 동안 아비스 직원들은 더욱 분발해 긍정적인 변화를 만들어냈기 때문이다. 이러한 전략을 '넘버 투 캠페인'이라고 한다. 이 전략은 우리나라에서도 시도된 바 있다. "지금은 2등이다. 그러나…"

이러한 의미에서 본다면 결점을 드러내는 것은 패배를 인정하는 것이 아니다. 결점이 드러난다고 해서 창피한 일도 아니다. 종류가 다르고 정도의 차이가 있을 뿐 누구나 결점을 가지고 있다. 우리는 자신의 결점을 인정하고 상대의 결점을 이해할 수 있어야 한다.

예수님이 정말 원하시는 것은 무엇일까? 상대방의 실수를 웃으며 넘길 수 있는 여유다. 결점과 약점을 허물로 보고 공격하는 사람이 아니라 덮어주고 감싸줄 수 있는 관용의 사람으로 세워지기를 원하신다. 자신의 결점을 보완해가며 더 나은 방향으로 성장하는 사람이 되길 원하신다. 그렇게 할 때 우리는 영적 권위를 회복하고 하나님께 인정받는 교사가 될 수 있다.

한방에 되는 성공은 없다

연말이 되면 많은 교사들이 좌절감에 빠지곤 한다. 제자들이 예수 믿고 변화되길 기대했는데 생각만큼 안된 것 같고 때로는 바라던 것과 정반대로 가버린 것도 같기 때문이다. 마치 직장인이 품에 있는 사직서를 만지작거리듯 몇 번이나 그만둘까를 고민한다.

누군가 열정이 부족해서라고, 믿음이 없어서라고 충고하면 더 큰 낙심이 찾아든다. 왜 이런 조바심과 낙담이 매번 찾아오는 것일까? 나는 성경적 영웅주의 사고의 영향이 크다고 생각한다. 우리는 성경 영웅들의 모습에 자신이나 주변 사람들을 투영하는 경향이 있다.

"모세를 보라, 다윗을 보라, 요셉을 보라"는 식의 접근이다. 모세가 되면 좋고 다윗, 요셉이 되면 좋겠다. 하지만 우리는 그들과 다르다. 그들과 같은 삶을 추구하지만 쉽지 않다. 도전한다고 다 그렇게 되지 않는다. 우리의 적용에 무엇이 문제인 걸까?

두 가지 측면에서 계산하지 못한 것이 있다. 하나는 과정의 비용이다. 일종의 고난을 말한다. 그들의 믿음 성장기에는 대부분 고난이 있었고 이 중 쉽게 해결할 수 있는 과정은 하나도 없었다. 쉽게 얻은 것도, 쉽게 이룬 것도 없었다.

우리는 언제나 적정선을 생각한다. 내가 원하는 만큼 고난을 받고 견디다가 내가 원하는 선에서 끝나길 바란다. 그 후 찬란함이 시작될 것을 기대한다. 그러나 고난의 과정은 우리의 예측과 기대를 비껴간다. 세상이 돌아가는 이치가 그러하다.

흔히 아이가 걷기에 성공하려면 1,000번 이상 넘어져봐야 한다고 한다. 페이스북 설립자인 마크 저커버그(Mark Elliot Zuckerberg)도 그랬다. 페이스북을 성공하기까지 그는 게임, 채팅 시스템, 스터디 도구, 음악 플레이어 등을 만드는 과정에서 숱한 실패를 경험했다. 조앤 롤링(Joan K. Rowling)은 『해리 포터』 시리즈를 출간하기 전 12번이나 거절을 당했다. 비욘세(Beyonce)도 〈헤일로〉를 만들기까지 수백 곡을 썼다.

위대한 성공, 위대한 승리, 위대한 믿음은 모두 쓰라린 실패를 대가로 지불한 결과였다. 누구나 결과만을 쉽게 주목하게 되지만 우리는 그 과정을 인식하고 인내할 수 있어야 한다. 그래야만 진정한 영적 교사가 될 수 있는 것이다.

또 다른 하나는 시간 비용이다. 사람마다 고난의 무게가 다르듯 시간 비용도 다르다. 믿음의 승부사들에게는 시간에 대한 기약이 없었다. 기약이 없었다는 것은 시간을 가늠할 수 없었다는 의미다.

한국인들이 좋아하는 말 중에 이런 말이 있다. "고난은 동굴이 아니라 터널이다!" 사방이 막힌 듯 캄캄하고 앞길이 까마득하게 느껴져도 어딘가에 분명 출구가 있다는 걸 확신한다면 이겨낼 수 있다는 것이다. 어떠한 고난의 과정이든 이를 터널로 알고 걷는 자를 하나님은 주목하실 것이다.

쉽게 포기하지 말자. 포기하는 순간 하나님은 실망하신다. 변화를 위해서는 일정한 과정이 필요하다. 견디고 기다리는 시간이 필요하다. 이를 기억해야 우리는 학생들을 올바로 안내할 수 있고 하나님께 칭찬받는 교사가 될 수 있다.

베드로를 예로 들어보자. 그는 예수님의 애제자였다. 3년간 최측근에서 그분을 따랐다. 그럼에도 그는 변하지 않았다. 예수님의 가르침을 직접 들었음에도 말이다. 물론 자양분은 얻었겠지만 그것이 깨달음이나 결단으로 이어지지 못했다. 베드로에게도 과정과 시간이 요구되었던 것이다.

베드로만의 이야기가 아니다. 모세도 40년의 광야 생활을 마치고서야 각성을 했다. 성경에 등장하는 믿음의 선조들이든, 현대를 살아가는 우리든 마찬가지다. 모든 인간은 변화되기까지 변덕스럽고 몰지각하고 볼품없고 어설프다. 변화에는 반드시 각성과 훈련의 과정이 전제되는데, 이를 알아야 교사는 기다릴 수 있다. 좌절하거나 분노하지 않을 수 있다.

    과정의 비용, 시간의 비용을 생각하지 못하는 교사는 어떻게 되는가? 조급해한다. 그리고 조급한 나머지 개입하려고 한다. 자신이 할 수 있다는 착각에 빠져 자기 식대로 변화를 일으켜보려고 한다. 하지만 변화란 내가 한다고 되는 게 아니다.

    예수님도 베드로를 방해하지 않으셨다. 기다리고 기다리셨다. 그를 그대로 두셨다. 만류하거나 탓하지 않으셨다. 그의 미숙함을 인지하지 못하셨기 때문이 아니다. 다 알고 계셨지만 기다리셨다. 베드로에게 시간과 과정이 필요하고 이를 거쳐야 그에게서 진정한 신앙고백과 변화가 나올 수 있음을 아셨기 때문이다.

> 세 번째 이르시되 요한의 아들 시몬아 네가 나를 사랑하느냐 하시니 주께서 세 번째 네가 나를 사랑하느냐 하시므로 베드로가 근심하여 이르되 주님 모든 것을 아시오매 내가 주님을 사랑하는 줄을 주님께서 아시나이다 예수께서 이르시되 내 양을 먹이라(요 21:17).

    이것이야말로 베드로의 진정한 고백이다. 남의 고백이 아니라 그의 고백이라는 점에 의미가 있다. 그래서 교사는 좌절하지 말아야 한다. 주님께 받은 스승의 권위를 가지고 묵묵히 그 자리에 서서 기다리고 품어주는 버팀목이 되면 된다.

미래 교사, 이것만은 알아두기!

- 사회 부조리에 대해 기독 교사는 '회개를 촉구하고 제자도를 가르치는 데 소홀했던' 책임이 분명 있다.
- '말해도 듣지 않는' 세대에게 '말할 수 있는' 권위를 갖추라.
- 권위 있는 교사란 섬김을 실천하고 자기 약점을 인정할 줄 알며 시간과 수고라는 대가를 지불할 수 있어야 한다.

잠시 멈춰서고 돌아보라.
변화를 위해 진정 필요한 것이 무엇인지 생각하고 결단하라.
이는 치열한 경쟁과 격변의 시대를 살아가는 교사에게
꼭 필요한 자세다.

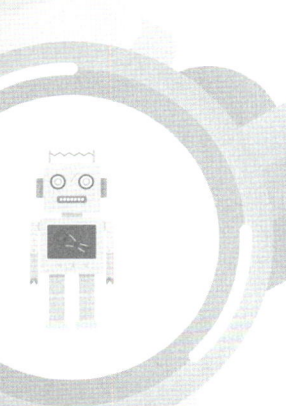

4장
미래 교사에게 필요한 '돌아섬'의 4가지 원칙

모든 인간은 실수투성이다. 성경에 등장하는 위대한 믿음의 사람들도 대부분 실수투성이었다. 단순한 실수를 넘어서서 돌이킬 수 없는 바닥으로 곤두박질친 경우도 허다했다.

모세는 나이가 마흔이었음에도 혈기를 누르지 못해 사람을 죽이는 범죄자가 되었다. 자신의 충동 하나 통제하지 못했던 못난 사람이었던 것이다. 다윗도 별반 다르지 않았다. 그는 하나님 마음에 합한 사람으로 기록되어 있지만 평생 겸손하게만 살았다고 할 수 없다. 권력의 맛을 본 이후로 그 권력에 취해 끔찍한 범죄를 저지르고 말았다.

우리 중 누구도 예외일 수 없다. 교만해졌다가 후회하고 또 교만해지고… 그만큼 인간은 하나님을 밀어내고 자신이 왕의 자리에 앉으려는 교만에 노출되기 쉽다. 그런데 성경 인물들에게는 공통점이 있었다. 모두 돌아설 줄 아는 인생이었다는 점이다.

> 나 주를 멀리 떠났다 이제 옵니다.
> 나 죄의 길에 시달려 주여 옵니다.
> 나 이제 왔으니 내 집을 찾아
> 주여 나를 받으사 맞아주소서(찬송가 273장).

사실 이 찬양은 우리의 고백이다. 우리는 떠나지 않겠다고 입버릇처럼 기도하다가도 매일 주님을 떠났다가 다시 돌아온다. 이 돌아섬은 회개를 말한다. 안타깝게도 우리는 이 돌아섬의 과정을 쉽게 잊곤 한다. 죄는 단호하게 지적하지만 돌이키고 변하는 것에 대해서는 소홀히 하곤 한다. 우리는 여전히 죄인이지만 그러하기에 그만큼 돌이키는 기회를 더욱 붙잡아야 한다. 이번 장에서는 4가지 돌아섬에 대해 살펴보자.

맹목적인 비난에서 생산적 비판으로

"안 돼! 안 해! 싫어!" 아마도 아이들이 가장 많이 사용하는 단어

들일 것이다. 아이들은 가르쳐주지 않아도 이런 말을 스스럼없이 사용한다. 본디 악해서인지 아니면 무의식적으로 튀어나온 부모의 말을 따라하는 것인지 모르겠으나 어느 부모든 자녀가 보다 긍정적이고 생산적인 말로 자신을 표현하길 바랄 것이다.

필자도 마찬가지다. 가능하면 부정적인 단어보다 긍정적인 단어를 쓰려고 노력한다. 그리고 "그거 하지 마, 하면 안 돼"라는 말을 대신할 수 있는 표현이 무엇일까 고민하곤 한다. 그렇게 생각해낸 방법 중 하나가 '안 되는 이유를 설명하는 것'이다.

하지만 이것 역시 완벽한 해결책일 수 없다. 어느 틈엔가 아이는 또래 집단의 영향을 받게 되기 때문이다. 산 넘어 산이라는 말이 실감난다. 부정적인 언어와 비난 사이에는 어떤 연관성이 있을까? 비난은 부정에서 출발한다.

여기서 일단 우리는 비난과 비판의 차이를 확실하게 짚고 갈 필요가 있다. 비판이란 원래 더 나은 진보를 위해 사용하는 것이다. 그래서 정확한 데이터와 대안이 뒷받침되는 경우가 많다. 이에 반해 비난은 어떠한가? SNS 몇 개만 찬찬히 들여다봐도 비난이 무엇인지 알 수 있을 것이다.

정확한 근거 없이 일단 덮어 놓고 부정하거나 잘못된 정보로 상대방을 비난하는 경우가 많다. 이런 무분별한 비난이 많아지면서 현대인들은 심각한 정신적 오염에 시달리고 있다. 여유를 잃어가고 감정을 배설하는 데만 혈안이 되어간다. 자극적이고 자기방어적인 비난으로만 일관한다. 건전한 비판을 찾아보기가 힘든 것이 현실이다.

비난하는 이유도 단순하다. '단지 상대방이 싫어서, 그 프로젝트가 마음에 들지 않아서'라는 어처구니없는 이유다. 단순하게 판단하고 감정을 배설하는 그런 사람이 어떻게 영적 인재가 되겠는가? 누구나 장점보다는 단점을 찾기가 쉽다.

하지만 비난으로는 문제를 결코 해결할 수 없다는 걸 생각해야 한다. 맹목적인 비난은 될 일도 안 되게 만든다. 영적 인재가 되고자 하는 사람은 이 점을 가장 염두에 두어야 할 것이다. 미래 인재는 문제 자체를 파악하는 데 머물지 말고 문제 너머에 있는 것을 볼 수 있어야 한다.

즉 문제 이면에 있는 이치, 구조, 흐름, 상황을 정확히 분석할 수 있어야 한다. 상당히 까다롭고 어려운 일이다. 특히 사람을 이해하는 것이 가장 어렵다. 그 속을 어찌 다 알 수 있겠는가? 열 길 물속은 알아도 한 길 사람 속은 모른다고 하지 않는가.

인간 이해를 위한 수많은 심리 검사 도구들이 개발되기도 하지만 여전히 이해 안 되는 부분이 한두 가지가 아니다. 결국 상황과 사람을 이해하기 위해서는 하나님이 눈을 열어주셔야 한다. 하나님의 강력한 도움이 있어야 한다. 영적 인재는 시대, 상황, 사람, 사건 등을 이해하고 분석하고 새 통찰을 끌어내기 위해 기도하는 사람이다.

우리는 비난이나 정죄가 아닌 이해를 통해 서로를 믿음의 사람으로 세워가야 한다. 그래야 사람이 산다. 그래야 사람이 변화된다. 데일 카네기(Dale Carnegie)는 다음과 같은 말을 했다.

> 상대방을 비난하기 전에 먼저 그를 이해하려고 노력하자. 그가 왜 그런 행동을 했을지 머릿속으로 생각해보자. 그것은 비판보다 훨씬 유익하고 흥미 있는 일이다. 또한 그것은 동정과 관용과 우애를 길러준다. 존스 박사는 "모든 것을 안다는 것은 모든 것을 용서하는 것이다"라고 말했다. 하나님도 인간이 죽을 때까지 인간을 심판하지 않으신다. 그런데 우리는 왜 심판하려고 하는가?

교회 모임에서 좀처럼 자기 이야기를 하지 않는 교인들이 있다. 그들에게 왜 입을 열지 않느냐고 물어보면 "공동체에서 이해받기는커녕 도리어 비난을 받을까봐 두려워서"라고 답하는 걸 종종 듣게 된다.

"기도가 부족한 거 아니냐? 그것 봐라, 믿음으로 살라고 했는데 왜 그리 했느냐?" 같은 이야기를 듣다보면 더 이상 이야기를 안 하게 된다는 것이다.

사상 검증을 위한 인민재판처럼 느껴지면 기쁜 마음으로 동참할 수 없다. 당연히 믿음이 성장할 수 없고 삶이 회복될 수 없다. 용서받을 수 없는 천덕꾸러기가 되는 기분일 것이다.

참으로 아이러니한 일이다. 하나님 아버지는 탕자인 우리를 받아주셨는데 그런 우리에게서 수용된다는 느낌을 받지 못한다니 말이다.

성경은 "형제의 눈 속에 있는 티는 보고 네 눈 속에 있는 들보는 깨닫지 못하느냐"고 말한다. 주어진 사역을 성공적으로 감당하고 싶은가? 교사라면 다른 사람을 이해하는 훈련에 힘써야 한다. 남을 이해하는 것이 '겸손'이다.

다 내 마음과 같지 않은 것처럼 사람마다 믿음에도 단계가 있다. 미래에는 모든 상황과 환경을 긍정적, 생산적으로 바라보고 이해할 수 있는 능력이 교사의 중요한 자질이 될 것이다.

변화를 거부하지 말고 수용하라

급변하는 세상이다. 그 변화에 발맞춰야 생존할 수 있다. 그러나 변화의 필요성을 절감한다 해도 변화의 속도를 따라잡기란 녹록지 않다. 어쩌랴, 대세가 이미 변화로 기운 것을!

과거에는 철밥통이라 불리던 공무원도 이제는 권고사직을 당하는 현실이다. 과거에는 한 회사에 평생 몸담는 것이 능력이었다. 그러나 이제는 대부분 사람들이 평생직장이라는 개념을 가지고 있지 않다. 평균 근속 기간을 보면 대기업이 9.7년, 중소기업은 3-5년이다. 많은 직장인들이 3-10년 주기로 이직을 한다. 직장을 인생의 징검다리라고 여길 뿐이다.

어느 누구도 이러한 변화를 비켜갈 수 없다. 미래는 곧 변화다. 변화를 수용함으로써 살아남느냐, 아니면 거부하고 죽느냐의 문제만 남아 있다. 너무 극단적이라고 생각할 수도 있지만 본질에 관한 문제가 아닌 이상 우리는 변화를 수용해야 한다. 그것이 생존의 길이다. 변화를 주목하라. 변화에 민감하라. 민감하지 않으면 살 수 없다.

30여 년 전, 어느 놀이공원이 대규모 시설 확장에 나섰다. 놀이공원 측은 확장하려는 땅의 소유주에게 땅을 팔아줄 것을 요청했지만 그는 일언지하에 거절했다. 조상 대대로 내려온 선산이었기 때문이다. 그는 조상에게 물려받은 땅이라며 결코 매매할 수 없다는 완고한 생각을 가지고 있었다.

시간이 한참 흘러 그는 전기 공급을 받아야 하는 상황이 되었다. 전기 시설을 사용하려면 놀이공원 측으로부터 전기선 사용을 허락받아야 했다. 사정도 하고 편지도 써보고 법적 대응도 해봤지만 소용이 없었다. 땅을 팔지 않은 것에 대한 보복이었던 셈이다.

30여 년이 지난 지금까지도 놀이공원 측은 전기선 사용을 허락하지 않았다. 물론 땅을 팔지 않았다고 30년 넘게 괴롭힌 것은 횡포다. 전기도 일종의 생존권인데 이를 놓고 줄다리기한다는 건 바람직하지 않다.

그러나 한편으로 드는 생각은 '나 같으면 그냥 팔았을 텐데…'이다. 조상 대대로 내려온 선산이기에 그만큼 소중하겠지만 죽으면 끝나는 인생을 생각하면 어디 선산인들 포기 못하겠는가? 진리도 아닌데 말인다. 생각을 약간만 바꿨어도 그는 30년간 불편을 겪지 않았을 것이다.

미련한 우리의 자화상 같지 않은가? 변화를 수용하느냐 하지 않으냐가 인생 전체의 흐름을 바꿔놓는다. 변화의 시작점은 환경이 아니라 의식이다. 생각이 바뀌면 인생이 바뀐다. 생각이 바뀌면 모든 것이 바뀐다. 급변의 시대에 교사는 변화를 이해하고 인식 전환을 실천해야 한다.

이전과는 완전히 다른 세대를 이해하려고 노력하고 그들에게 접근할 수 있는 새 방식을 모색해야 한다. 과거의 배움과 사고방식, 세계관을 접어두고 새 시대에 맞춰가려는 노력이 지금 교사에게 매우 필요하다!

경쟁하지 말고 협력하라

주님께 돌아가고 싶지만 돌아가지 못하는 근본적인 이유가 무엇일까? 어떤 이들은 욕심이라 하고 어떤 이들은 교만이라고 한다. 이 모든 말을 하나로 아우르는 단어로 '경쟁'을 꼽을 수 있다. 교만의 죄를 짓는 것도, 욕심을 부리는 것도 내면의 경쟁심에서 비롯되기 때문이다.

예를 들어 가상화폐나 로또 열풍을 생각해보자. 다른 사람보다 못 산다고 생각하니까 한 탕으로 돈을 벌어보겠다는 생각에 빠지는 것이다. 또한 현대인들은 경쟁 상대를 넘어서야 살아남는다고 생각하기 때문에 치열하고 전투적인 삶을 살아간다.

그러니 이기적일 수밖에 없다. 자신이 버는 것에만 혈안이 될 뿐 5배, 10배 잃은 사람들의 처지는 중요하지 않다. 잃으면 잃은 대로 결핍에 집착하고, 벌면 버는 대로 더 가지고 싶어 하는 게 사람이다. 경쟁을 하다보면 패자든 승자든 욕심에 사로잡히게 된다.

환경적인 요인도 있다. 우리는 스탠바이(stand-by, 제자리에 서 있기)를 용납하지 않는 시대에 산다. 시장과 기술이 하루가 다르게 달라지기 때문에 항상 불안하고 초조하다. 전력투구를 하지 않으면 안 된다는 강박 관념 속에 사로잡혀 있기도 하다. 그래서 현대인들은 언제 올지 모르는 자신만의 기회를 잡기 위해 자신을 더욱 거세게 몰아세운다.

현대인들이 하는 말을 들어보라. 모두가 한결같이 "시간이 없다"고 한다. 하루 24시간이 부족하다고 아우성이다. 이런 현대 증후군에 관해 로버트 라이시(Robert B. Reich)는 『부유한 노예』에서 이렇게 말한다.

현재 잘하고 있다고 할지라도 고삐를 늦춰서는 안 된다. 시장 상황은 너무도 빨리 변하고 고객에게는 마음을 움직이는 여러 가지 조건이 제시되고 있다. 한마디로 경쟁이 치열하다. 쉴 여유 없이 자전거의 페달을 계속 밟아가야 한다. 현재의 명예와 경력을 언제까지나 의지할 수도 없다. 지금은 매우 탁월해 보이는 아이디어도 며칠이나 몇 주 지나면 시들해진다. 경쟁사가 언제라도 그 아이디어를 모방하거나 그보다 좋은 아이디어를 들고 나올 수 있기 때문이다.

어찌 보면 요즘 시대 많은 사람들은 경쟁을 멈추고 돌아서는 것 자체를 스스로 죽음의 길을 선택하는 것과 같은 위협으로 받아들이는 것 같다. 그러나 우리가 한 가지 기억할 것이 있다.

돌아서는 것, 돌아서서 내게 진정 필요한 것이 무엇인지를 생각하고 다시 결단하는 것, 하나님의 창조 질서와 나를 향한 그분의 계획을 돌이켜보는 것은 결코 세상에서 뒤처지는 것도, 패배하는 것도 아니라는 사실이다.

돌아선다고 뒤처지지 않는다. 이는 우리가 교사로서 가져야 할 가치관이며 가르쳐야 하는 핵심이기도 하다. 성경을 보자. 성경은 경쟁 말고 다른 선택지가 있음을 말해준다.

우리가 잘 알고 있듯이 왕자의 신분이었던 모세는 사람을 죽임으로써 하루아침에 도망자 신세가 되었다. 그 후 40년이라는 시간 동안 무능한 양치기로 세월을 보내야 했다. 그러나 성경 지식이 있는 사람치고 누구도 그를 패배자로 보는 사람은 없다. 그는 결코 저주받은 인생이 아니었다. 단지 40년이라는 시간을 통해 자신의 돌아섬을 준비했을 뿐이다.

그렇다면 돌아서기 이전의 모세는 어떠했는가? 그는 혈기왕성한 성공주의자의 전형이었다. 자기 힘으로 무언가를 해보려고 안달했던 사람이다. 애굽 사람을 죽인 것도 이러한 맥락에서였다. 자기 힘으로 충분히 동족들을 살릴 수 있다고 생각했던 것이다. 그리고 이런 착각이 결국 그로 하여금 살인이라는 무서운 죄를 짓게 만들었다.

이처럼 혼자 힘으로 동족을 위하려던 시도가 몽상에 지나지 않음을 깨닫게 해준 것이 바로 40년 광야 생활이었다. 40년의 세월 동안 그는 많이 달라졌다. 혼자 할 수 없음을 깨닫게 된 것이다. 그때야 비로소 하나님은 '모세가 이제 쓰임받을 수 있다'고 판단하셨던 것 같다.

어느 날 하나님은 모세를 불러 마침내 그분의 마스터플랜을 공개하신다.

> 이제 내가 너를 바로에게 보내어 너에게 내 백성 이스라엘 자손을 애굽에서 인도하여 내게 하리라(출 3:10).

그런데 이 말을 들은 모세는 이전과 다른 태도를 보인다. 출애굽기 4장을 보면 그가 얼마나 철저히 하나님께로 돌아섰는지 알 수 있다.

> 모세가 여호와께 아뢰되 오 주여 나는 본래 말을 잘 하지 못하는 자니이다 주께서 주의 종에게 명령하신 후에도 역시 그러하니 나는 입이 뻣뻣하고 혀가 둔한 자니이다(출 4:10).

이전까지만 해도 모세는 주도권이 자신의 손에 있다고 믿었다. 자신의 힘으로 동족을 위할 수 있다고 믿었다. 자신이 배운 학문을 믿었고 권력을 믿었고 젊음의 혈기를 믿었다. 그러나 하나님의 부르심 앞에서 그는 자신의 입이 뻣뻣하고 혀가 둔해 할 수 있는 것이 없다고 말한다. 혼자 힘으로는 안 된다는 것을 깨달은 것이다.

출애굽기에는 그가 세 번이나 자신이 둔한 자임을 고백하는 장면이 나온다. 그러나 하나님은 확실한 해법을 가지고 계셨다. 바로 협력이었다. 첫째는 하나님이 모세와 함께하셨고 둘째는 형 아론을 모세 곁에 두셨다.

> 모세가 이르되 오 주여 보낼 만한 자를 보내소서 여호와께서 모세를 향하여 노하여 이르시되 레위 사람 네 형 아론이 있지 아니하냐 그가 말 잘 하는 것을 내가 아노라 그가 너를 만나러 나오나니 그가 너를 볼 때에 그의 마음에 기쁨이 있을 것이라 너는 그에게 말하고 그의 입에 할 말을 주라 내가 네 입과 그의 입에 함께 있어서 너희들이 행할 일을 가르치리라(출 4:13-15).

동서고금을 막론하고 혼자 잘나서 성공한 사람은 아무도 없다. 더불어 함께해야 더 나은 결론에 이를 수 있다. 이 땅이 경쟁으로만 가득하다면 누가 살아남을 수 있겠는가? 아직은 정 붙이고 살 만한 세상이라고 말할 수 있는 것은 서로 채워주고 끌어주고 밀어주는 인간다움이 있기 때문이다.

세상은 그래야 한다. 정이라는 개념은 결국 '더불어 함께한다'는 의미 아니겠는가? 그런 의미에서 볼 때 미래 세대에게 가장 필요한 것은 경쟁이 아니라 협력과 상생일 것이다. 모세가 아론과 더불어 살아가고, 바울이 바나바와 더불어 사역을 해나갔던 것처럼 오늘날 우리도 협력과 상생의 가치를 깊이 새겨야 한다.

혼자가 편하고 혼자 즐기는 것이 익숙해지는 시대가 되었다. 미래의 문화 코드로 예측되는 것 중 하나가 1인 중심 문화다. 놀이 문화만이 아니라 삶의 모든 형태가 극도의 개인주의로 흐를 것이다. 지금도 혼자 하는 것이 편하고 재미있다고 말하는 사람들이 상당수다. 끔찍한 일이다.

개인주의가 지금보다 더 확산되면 자기밖에 모르는 세상, 타인에게 신세지는 것을 죽기보다 싫어하는 세상, 피해를 주기도 받기도 싫어하는 세상, 남에게 신경 쓰고 싶어 하지 않는 세상이 될 것이다.

교사는 아무리 자아가 중요하더라도 합력하는 것이 더 좋은 선택임을 가르칠 필요가 있다. 더 나은 미래와 더 나은 사명은 협력으로만 이뤄지기 때문이다. 더 나은 미래를 위해서는 '같이 한다'는 의식 전환이 중요하다. 더불어 함께할 때 각박한 세상은 따듯한 배려와 이해를 배워갈 것이다. 공생의 기쁨을 누리게 될 것이다.

서로 협력하는 것이야말로 성경의 가치관이다. 주님의 사람들은 함께함의 능력을 바로 알고 실천하는 존재가 되어야 한다. 하나님은 물론 하나님이 보내주신 동역자들과 함께하는 것을 최고의 가치로 삼아야 한다.

모세는 80년이 흐른 뒤에야 함께함의 즐거움, 함께함의 능력을 알게 되었다. 그의 모든 사역은 더불어 함께하는 사역이었다. 아론과 훌이 그의 팔을 붙잡아주었기에 전쟁에서 승리할 수 있었고 장인이 가르쳐준 대로 천부장, 백부장, 오십부장을 두고 재판을 행함으로써 격무 중에도 잠시 쉼을 누릴 수 있었다. 무엇보다 가장 중요한 것은 하나님이 언제나 그의 든든한 후원군이 되어주셨다는 것이다.

세상에는 혼자 할 수 있는 일이 없다. 혼자 할 수 있을 것처럼 보일 뿐이다. 스타 한 명이 탄생하기까지는 수십, 수백 명의 그림자 같은 스태프들이 존재한다. 하나님과 함께, 친구들과 함께, 동료들과 함께할 때 인생이 빛을 발하게 될 것이다.

앎에서 행동으로

오늘날 우리는 원하는 지식과 정보를 얼마든지 얻을 수 있다. 신문, 잡지, 매스컴, 책, 인터넷 등 다양한 매체를 통해 거의 실시간으로 정보를 습득할 수 있다. 정보를 얻을 수 있는 루트가 다양해졌다는 것은 그만큼 힘의 평준화가 이뤄지고 있다는 의미이기도 하다. 정보를 확보한 만큼 누구나 힘을 얻고 부를 축적할 수 있기 때문이다.

그러나 정보를 끌어모은다고 다 힘이 되는 건 아니다. 검증되지 않은 정보들은 혼란을 초래하고 도리어 해가 될 수 있다. 정보가 아무리 많더라도, 좋고 나쁨을 분별하지 못하면 모두 쓰레기인 셈이다.

정보가 진정한 힘이 되려면 우선 선별하고 이후 삶에 적용할 수 있어야 한다. 신앙과 믿음이 이론에만 머물러 있다면 우리의 가르침을 생각해볼 필요가 있다. 말씀에 의지한 부딪힘이 존재하는지 진지하게 고민해봐야 한다.

한국 교회는 100년 역사다. 그만큼 신앙의 뿌리가 깊어졌다. 그러나 말씀에 익숙해지다 보니 그 말씀을 입으로, 머리로만 되뇌는 데 머물곤 한다. 삶의 현장에 관한 고민으로 나아가지 못한다. 하나님께 어떻게 쓰임받을 수 있을까 하는 실천적인 자기 성찰이 부족하다. 이제는 삶의 한복판으로 들어가야 한다.

성경 어디에도 성경공부만으로 이 땅을 변화시킬 수 있다고 말하지 않는다. 성경말씀은 우리 삶을 관통할 때 능력으로 드러난다. 예수님이 지상에서 하신 마지막 말씀은 "가르쳐 지키게 하라"였다. 말로만이 아니라 삶으로 가르쳐야 한다. 배운 만큼 살아내고 가르치고 전하는 것이 우리의 사명이다.

한국 교회는 이제 방향을 전환해야 하는 시점에 와 있다. 이제껏 말씀을 받아들이기만 하는 화초 안에 머물러 있었다면 이제 과감히 박차고 세상으로 나와야 한다. 신앙 교육의 핵심이라 할 수 있는 '제자 됨'을 삶의 현장 가운데서 훈련해야 한다. 신앙인의 삶이 무엇인지를 현실에서 부딪히고 깨지면서 체득해야 한다. 하나님이 원하시는 삶을 치열하게 살아내며 배워야 한다. 말씀이 삶에 깊이 뿌리내려야 비로소 진정한 교사라 할 수 있다.

미래 교사, 이것만은 알아두기!

- 맹목적인 비난에서 생산적인 비판과 제안으로 돌아서라. 이를 위해서는 문제 너머를 볼 수 있는 통찰, 상대를 이해하려는 관용과 겸손이 필요하다.
- 변화에 민감해야 한다. 변화를 수용해야 살아남는다.
- 경쟁에서 협력과 상생의 가치로 돌아서라.
- 앎에 머물지 말고 실천으로 가라.

하나님을 위한 순종과 헌신을 가장 중요하게 여기고 있는가?
아니면 자기 만족과 안정을 위한 시스템을 구축하고 있는가?
무엇보다 하나님 앞에서 자신의 기득권을 포기할
각오가 되어 있는지 점검해봐야 한다.

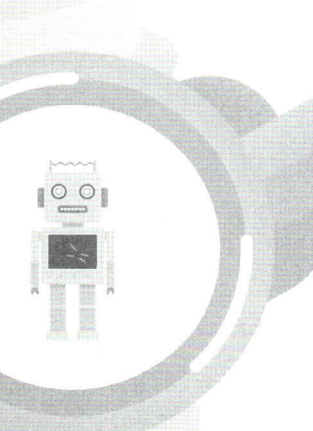

5장
미래 교사의 마인드 시스템은 순종과 헌신이어야 한다

 1980년대 당시 삼성 이병철 회장은 이명환 부회장을 불러 세계적인 기업인 GE와 IBM을 둘러보고 삼성과 무엇이 다른지 알아오라는 지시를 내렸다. 삼성 역시 세계적인 초우량 기업으로 발돋움하기 위해 이 같은 지시를 내린 것이다.

 이명환 부회장은 CEO의 지시에 따라 급히 비행기에 몸을 실었다. 미국에 도착한 그는 GE와 IBM을 철저히 탐색하며 분석했다. "무엇이 그들을 세계적인 기업으로 만든 것인가? 다른 기업과의 차별화 전략은 무엇인가? 어떻게 '좋은' 기업에서 '위대한' 기업으로 도약했는가?"

 조사를 마치고 돌아온 그는 다음과 같이 보고했다. "제가 분석한 결과 그들은 시스템 경영이라는 것을 하고 있었습니다. 조직이 합의한 기준과 절차에 따라 일해야 효과적인 일들이 창출된다는 것입니다. 즉 조직이 합의한 기준과 절차에 따라 일을 하는 것이 바로 시스템 경영입니다. 시스템 경영을 하기 위해서는 인사, 평가, 예산 등 각 분야에서 합리적인 약속이 있어야 합니다. 따라서 계열사의 공통 업무 관리 매뉴얼을 만들어야 합니다."

그 후 달라진 삼성의 행보는 굳이 언급하지 않겠다. 여기서 내가 말하고자 하는 것은 교회도 기업의 시스템을 익혀야 한다는 것이 아니다. 세상은 세상이고 교회는 교회다. 우리가 생각해봐야 할 것은 "우리도 과연 복음의 가치를 반영할 수 있는 성경적 운영 원리, 시스템이 있는가?"이다.

건강한 시스템 vs. 병든 시스템

어느 조직이든 시스템이 있어야 한다. 사회 조직이든 교회 조직이든 마찬가지다. 시스템이 없는 공동체는 안정감을 가질 수 없다. 그러나 그 시스템이 가치보다 앞설 때 문제가 된다. 본질은 묻히고 비본질적인 것, 비생산적인 것들이 우선시된다면 일단 멈추고 생각해야 한다. 생명을 위해 존재해야 할 시스템이 생명을 죽이는 시스템으로 버티고 있는 셈이기 때문이다.

그렇다면 건강하지 못한 시스템의 특징은 무엇일까? 첫째, 기존에 있던, 소위 토박이라 불리는 교인들이 원하는 방식대로 운영된다. 생명을 살리는 일보다 토박이 교인들의 편의를 위하는 일을 더 중시한다. 이러한 시스템은 하나님의 나라, 복음과 상관없는 시스템이다.

그들은 능률과 비능률을 따지지 않는다. 그저 개인의 영리를 추구할 뿐이다. 그들은 언제나 낯선 변화 대신 익숙함을 택한다. 더 이상 하나님 나라를 추구하지 않는다. 예수님의 말씀에 헌신하며 순종하지 않는다. 자신에게 편한 사역을 1순위에 놓는다.

그곳에는 은혜도 없고 사랑도 없고 열정도 없다. 자기 스케줄에 따른, 자기 편의를 위한, 지극히 자기중심적인 시스템을 고수할 뿐이다. 예수님은 제자들에게 "누구든지 나를 따라오려거든 자기를 부인하고 자기 십자가를 지고 나를 따를 것이니라"(마 16:24)고 말씀하셨다.

또한 현대 경영학의 권위자인 피터 드러커(Peter Ferdinand Drucker)는 "이전에 성공을 창출해낸 방법이 결국에 가서 성공을 망친다"는 말을 했다. 변화에 둔한 사람은 언제나 온갖 변명을 늘어놓는다. 자기중심성에서 벗어나지 못하는 사람, 변명만 일삼으며 현상 유지에만 급급한 사람은 하나님이 부여하신 시대적 소명에 주목할 수 없다.

우리는 새로운 변화를 늘 고민해야 한다. 어떤 고민이어야 할까? 지역마다 환경과 상황이 다르겠지만 그럼에도 공통된 주제가 하나 있다. "우리는 복음을 위한 시스템으로 무장되어 개인의 만족이 아닌 하나님을 위한 순종과 헌신을 가장 중요하게 여기고 있는가? 아니면 자기 자신의 만족과 안정을 위한 시스템 구축을 원하는가?" 무엇보다 하나님 앞에서 자신의 기득권을 포기할 각오가 되어 있는지 점검해봐야 한다.

어디서부터 시작해야 할까? 은퇴한 미국 슈퍼볼 영웅인 하인즈 워드(Hines Ward)가 한국을 방문한 적이 있다. 그는 한국계 혼혈이다. 그로 인해 한국 사회의 혼혈 차별 문제가 이슈화되었고 그 결과 각계각층에서 혼혈에 대한 새로운 시각을 갖기 시작했다. 정계에서는 혼혈인차별금지법을 만든다고 하고 매스컴에서는 연일 한국 사회의 차별 문화를 비판해댔다.

그 무렵 텔레비전을 통해 〈혼혈의 진실〉이라는 15초짜리 광고를 본 적이 있다. 처음에는 오렌지색 바탕 화면에 밀짚모자를 쓴 여성의 앳된 얼굴이 나온다. 낯선 피부색의 한 아이가 한옥을 배경으로 천진난만하게 웃고 있는 모습도 등장한다.

이어 낯익은 여가수인 인순이 씨가 나와 눈물을 머금고 목 놓아 열창한다. 화면에는 이런 문구가 떴다. "다른 인종의 피가 섞인 사람, 다른 인종의 장점이 합쳐진 사람." 평생 동안 혼혈의 차별을 받고 살아온 인순이 씨는 이 광고를 찍은 후 한 언론과 인터뷰를 가졌다.

그녀는 인터뷰에서 "혼혈 이슈를 단순히 동정의 관점이 아닌 고정관념을 바꾼다는 측면에서 풀어낸 점이 돋보여 광고에 출연하기로 결심했다"고 밝혔다. 고정관념은 무서운 것이다. 피부 하나 차이임에도 한국 사회의 고정된 시스템의 오류가 상처와 아픔을 만든다.

"시스템은 제도나 형식이다"라는 고정관념을 파괴하는 것에서 출발하자. 잘못된 방향성을 가진 시스템을 고집하고 있었다면 과감히 청산하고 바른 시스템을 구축해야 한다. 어느 누가 와도 흔들림이 없고 어느 누가 와도 능력 있는 사역을 감당할 수 있는 튼튼한 기반의 시스템이 필요한 때다.

그렇다면 어떤 시스템이 가장 건강하고 올바른 것일까? 성경적 관점을 바탕으로 시대적 상황을 고려할 때 그것은 순종과 헌신의 시스템이다. 창세기에서 요한계시록까지 하나님께 쓰임받았던 사람들을 보면 하나도 예외없이 순종의 사람들이었다. 복음 앞에 철저히 순종과 헌신의 삶을 사는 이들이었다.

세상 권력에 맹목적으로 굽실거리는 그런 복종이 아니다. 하나님과 그분의 말씀에 대한 순종과 헌신이었다. 이런 사람들이야말로 진정한 기독 교사요, 하나님이 귀하게 사용하시는 영적 인재다.

우리는 이제 익숙함과 개인의 생존을 위한 시스템이 아닌 하나님과 그분의 나라를 위한 순종과 헌신의 시스템을 추구해야 한다. 순종과 헌신의 표준을 정해야 한다. 순종과 헌신이 공동체 안에서 시스템으로 자리 잡도록 표준화해야 한다.

교사도 이 표준 안에서 헌신과 순종을 이뤄가야 한다. 그렇지 않으면 과거와 다름없이 어느 특정 개인의 취향에 따라 움직이는 괴물과 같은 시스템을 만들거나 스타주의에 매몰될 가능성이 크다. 우리는 스타가 된 지도자들의 영적, 성적, 물질적 타락을 수없이 지켜봤었고 이는 현재에도 여전하다.

이런 괴물이 된 시스템에서는 하나님의 사람을 세울 수 없다. 그런 시스템 안에서 부화되고 길러진 이들이 어떻게 영적 인재로 쓰임받을 수 있겠는가? 그러므로 성경을 기준으로 하는 헌신과 순종의 시스템을 정착시키는 것이 중요하다.

표준의 중요성을 가르쳐주는 예는 얼마든지 많다. 남북 전쟁에서 북군이 승리를 거둔 사실은 다 아는 바다. 대부분 사람들은 북부가 공업 중심이었기 때문에 농업 중심의 남부를 이길 수 있었다고 분석한다. 그러나 숨겨진 비밀이 하나 더 있다. 바로 소총의 표준화였다.

당시 소총은 모두 수작업으로 만들어졌다. 그래서 부품 하나만 고장이 나도 쓸모가 없게 되었다. 그런데 북군에 속한 엘리 휘트니

(Eli Whitney)라는 사람이 일찌감치 소총의 부품을 표준화했다. 고장이 나도 얼마든지 갈아 끼울 수 있게 만듦으로써 남군과 화력의 격차를 만들었다. 이처럼 표준이라는 것은 성패를 좌우한다.

오늘날은 새로운 표준의 중요성이 더욱 커졌다. 기술을 누가 먼저 선점하느냐, 표준을 누가 먼저 정하느냐에 따라 기업과 국가의 명암이 갈릴 수 있다. 4차 산업혁명이 도래하는 새 시대에는 로봇, 드론, 인공지능, 5G 통신, 바이오, 우주항공, 보안 등 새로운 분야의 새로운 기술력과 표준의 선점이 국가의 성패를 좌우할 것이다.

그렇다면 교사로서 인재를 세우는 일에도 표준을 잡아야 하지 않겠는가! 인간적인 기준인 '내가 표준'이라는 식의 변질된 순종과 헌신 말고 복음으로 표준화된 순종과 헌신을 만들어가야 한다.

복음 앞에 헌신하고 순종하는 자가 진정한 기독 교사이고 리더이며 하나님이 쓰시는 영적 인재의 조건에 부합되는 사람임에 틀림없다. 오직 순종과 헌신의 자세로 주의 일을 감당하는 시스템이 필요하다.

진정한 헌신은 보상을 바라지 않는다

어느 교회에서 있었던 일이다. 찬양 예배를 드리기 위해 악기를 옮겨야 하는 상황이었다. 교회 일이 다 그렇듯 이 일에도 많은 일손이 필요했다. 모두들 정신없이 자리 정돈을 하고 무대를 꾸미고 안내를 서고 악기를 날랐다. 두 시간 정도의 예배가 끝나자 이제는 뒷정리를 할 차례였다.

사회자가 마이크를 들고 광고를 했다. "은혜롭게 예배를 마쳤습니다. 이제 뒷정리를 해야 하는데요, 형제님들은 남아서 도움을 주시면 좋겠습니다." 하나둘 자리를 빠져나가고 몇 명이 마지못해 뒷정리를 하게 되었다. 그중 한 명이 옆에 있는 전도사님을 향해 물었다. "전도사님, 저희 집에 안 가고 정리하잖아요. 다 끝나면 뭐 사주실 건가요?"

전도사님은 순간 뒤통수를 한 대 맞은 듯 멍한 기분이 들었다. 그는 타이르듯 입을 열었다. "얘들아, 뭘 바라고 하는 것은 진정한 순종이라고 할 수 없잖니. 하나님의 일은 뭘 바라고 하는 게 아니란다." 그들은 순순히 물러서지 않았다. "이제까지는 사주셨는데요. 저희가 도와드릴 때마다 피자도 사주시고 자장면도 사주시고 그러셨어요."

도대체 누가 이들에게 보상을 당연한 것으로 생각하게 만들었을까? 물론 예쁘고 사랑스러워서 한두 번 사주는 것 자체가 잘못이라는 이야기가 아니다. 피자 한 조각, 자장면 한 그릇을 먹이더라도 무엇을 했기 때문이 아니라 그냥 사랑스러워서 사주는 것임을 가르치는 게 중요하다.

진정한 순종은 보상을 바라지 않는다. 아무런 보상이 없어도 기뻐한다. 보상은 기대치 않았던 선물로 받아들여야 한다. 과거 전도를 가르칠 때도 그랬다. 전도를 해야 하는 이유는 천국에서 상이 가장 크기 때문이라고 말했다. 하지만 전도는 상을 받기 위해서가 아니라 그 자체가 사랑과 기쁨이어야 한다.

우리나라 교육의 가장 큰 문제점 중 하나는 왜곡된 보상이다. 입시 교육의 실정을 보자. 중학교, 고등학교 때는 열심히 수능을 준비한다. 3당 4락이니 4당 5락이니 하면서 치열하게 공부한다. 그런데 막상 대학에 들어가면 먹고 노는 대학생들이 되어버린다. 왜 그럴까? 대학이라는 보상을 받았기 때문에 학업에 대한 욕구가 더 이상 일지 않거나 동기부여가 되지 않는 것이다.

이렇게 한번 생각해보자. 공부를 잘하는 청년이 있다고 하자. 이 청년은 공부하는 것 자체가 정말 즐겁고 신난다. 영어 단어 하나 외우는 것이 너무 좋고, 수학 문제 하나 풀어 스스로 답을 얻어내는 과정이 가슴 벅차다. 단지 좋아서, 재미있어서 열심히 공부를 했다. 그렇게 시험을 치르고 나니 무난히 대학에 합격했다.

대학에 들어가서도 공부하는 즐거움은 여전하다. 대학이 보상은 아니었기 때문이다. 그에게 보상은 정답을 알아가는 과정, 지식을 쌓아가는 과정 자체였다. 그는 대학에 가서도 하던 대로 했다. 그랬더니 장학금이 나왔다.

장학금을 받다가 못 받는다고 이 청년이 연연해할 것 같은가? 절대 아니다. 장학금이라는 것은 그에게 부가적인 것이다. 공부를 열심히 했기에 자연히 따라오는 선물이다. 이 청년에게는 장학금이 그리 중요한 문제가 아니다.

순종과 헌신의 개념도 마찬가지다. 무엇을 바라는 것은 순종이 아니다. 보상이 있건 없건 하나님이 기뻐하신다면 하는 것이 순종이다. 한국 교회의 아픔 중 하나는 기복 신앙이다. 기도하면 복 받고 교회에 충성하면 복을 받는다는, 보상에 대한 기대가 많은 그리스도인들 마음에 깔려 있다.

순종이란 그분이 원하시면 어디든 가고 무엇이든 하는 것이다. 보상과 무관하게 그분의 뜻을 따르는 것이다. 교사에게 필요한 것이 바로 이 순종이다. 보상을 바라지 않고 사명을 감당하는 마음이다. 설사 보상을 바란다 해도 그 보상은 아이들이 영적으로 성숙하고 주님께 쓰임받기를 바라는 것이어야 한다.

진정한 헌신은 가능성을 따지지 않는다

부흥은 교회의 최대 과제다. 여기서 말하는 부흥은 예수님의 참된 제자가 많아지는 것을 의미한다. 많은 교회들이 어떻게 하면 부흥을 이뤄낼 수 있을지 고심하면서 '찬양 집회, 제자훈련, 셀 조직,

알파코스' 등 다양한 프로그램들을 고안한다. 그러나 단언컨대 부흥은 시스템이나 프로그램, 인적 자원, 재정으로 되는 게 아니다.

결정적인 열쇠는 순종과 헌신이다. 분주한 삶에 시달리는 현대 그리스도인들은 이렇게 투덜거리곤 한다. "시간이 없어요. 바빠요. 매일 직장 다니고 주일에도 교회에서 봉사하는데 주중에 또 모이라는 건 너무하지 않나요? 저는 쉼이 필요해요."

상식적인 수준의 적당한 헌신이 맞다고 생각한다. 하지만 예수님의 제자들을 떠올려보라. 그들은 십자가에 달린 예수님과 그분의 부활을 목격한 이후 죽음도 두려워하지 않는 헌신의 삶을 선택했다.

성경에 나오는 노아의 방주 이야기도 생각해보자. 어느 날 하나님은 노아에게 황당한 요구를 하신다. 방주를 지어라! 상식적으로 말이 안 되는 요구였다. 농담처럼 느껴질 만큼 어이없고 무리한 주문이었다.

왜 그런가? 하나님이 명령하실 당시에는 홍수가 일어날 어떠한 징조도 없었기 때문이다. 더구나 물과 가까운 곳에 방주를 지으라는 것도 아니고 높은 산 위에 지으라니! 그런데 홍수 사건은 한 치의 오차도 없이 진행되었다.

홍수가 땅에 사십 일 동안 계속된지라 물이 많아져 방주가 땅에서 떠올

랐고 물이 더 많아져 땅에 넘치매 방주가 물 위에 떠 다녔으며(창 7:17-18).

비가 온 지 사십 일이 지나자 마침내 방주가 떠올랐다. 사실 육지에서 배를 건조한다는 것은 당시로썬 거의 불가능에 가까운 일이었다. 하지만 노아와 그의 가족은 분명한 태도를 취했다. 자신들이 보기에 1%도 가능성이 보이지 않는 일이었지만 하나님의 말씀이라는 이유만으로 순종과 헌신을 택했다.

결국 홍수는 말씀대로 일어났고 순종과 헌신으로 값진 노동에 참여했던 노아의 가족들은 모두 구원을 받았다. 방주 안에 순종과 헌신 없이 무임승차한 사람은 한 명도 없었다.

강의를 갈 때마다 "좋은 프로그램 있으면 알려달라"는 요청을 많이 받곤 한다. 좋은 프로그램만 있으면 교회가 교회답게 운영될 것이라는 기대에서 하는 말일 것이다. 하지만 프로그램 자체가 만능일 수 없다. 우선순위도 아니다. 교회를 움직이는 기본적인 원동력은 순종과 헌신이어야 한다.

사람들은 항상 시간이 없다고 말한다. 여력이 없다고 말한다. 물질이 없다고 말한다. 그러나 그렇지 않다. 부족하기 때문에 그런 것이 아니라 선택하지 않기 때문이다. 빌 헐(Bill Hull)이 쓴 『평범한 그리스도인의 특별한 헌신』에는 이런 말이 나온다.

바쁘다는 것 자체를 부정하는 건 아니다. 그러나 그 분주함은 어디까지나 그들의 선택에서 비롯된 것이다. 그들의 삶은 그들 자신이 선택한 분주함으로 가득 차 있다. 그들은 하나님을 위해 분주해지기로 선택할 수도 있고 하나님과 상관없이 분주해지기로 선택할 수도 있다.

교사인 우리는 하나님을 위해 순종과 헌신을 살아내기로 선택하기만 하면 된다. 하나님은 우리가 하나님 나라에 무임승차하기를 원하지 않으신다. 우리가 순종과 헌신을 선택할 때 부흥은 자연히 도래할 것이다. 순종과 헌신이라는 거룩한 시스템이 공동체 안에 구축된다면 어떤 허술한 프로그램을 적용한다 할지라도 분명 귀한 열매를 보게 될 것이다.

하나님이 주인이라는 결단!

그렇다면 순종과 헌신의 한계는 어디일까? 21세기는 시간의 전쟁이다. 모두가 바쁘고 치열하다. 어느 원로 목사님은 "벽에 걸린 시계 초침의 재깍거리는 소리를 들을 때마다 그 초침의 칼이 내 인생을 잘게 썰어내는 것 같다"라고 표현하기도 하셨다.

일분일초를 어찌 쉽게 보내겠는가? 속도가 모든 문제의 해결책이라고 믿는 시대에 내 것을 포기하고 교회와 세상을 위해 헌신의 시간을 내야 한다는 것은 그만큼 큰 결단을 필요로 한다. 어른이나 아이들이나 상황은 마찬가지다.

그러나 한 가지 분명한 것은 순종과 헌신을 제한하지 말아야 한다는 사실이다. 시간과 재정이 없어도 순종과 헌신은 가능하다. 반면 시간과 물질이 있다고 순종과 헌신이 자연히 뒤따르는 것은 아니다. 우리는 외부적인 제한 앞에서 1%의 순수함까지 지켜내야 한다.

한국인이 꼭 먹어야 하는 음식 중 하나가 밥이다. 밥은 우리 힘의 원천이다. 하루 한 끼를 먹더라도 밥은 꼭 먹는다. 라면을 먹더라도 국물에 밥을 말아 먹는다. 이처럼 소중하고 귀한 밥을 먹을 때마다 떠오르는 생각이 하나 있다.

아무리 밥을 잘 지어도 내가 먹는 밥그릇에 깨알만한 돌멩이가 하나 있다면 어떨까? 밥을 제대로 씹을 수도, 삼킬 수도 없을 것이다. 아주 작은 불순물 하나가 밥맛을 바꿔놓는다. 마찬가지로 단 1%의 불순함이 있다면 절대적인 순종과 헌신은 존재할 수 없다.

아무리 많은 물질과 시간을 드린다고 하더라도 밥그릇의 돌멩이와 같은 1%의 결함이 있다면 그것은 순종과 헌신이 아니다. 그럼 이렇게 반문하는 사람이 있을 것이다. "단 1%의 불순함을 버리는 것이 쉽습니까?" 당연히 어렵다. 만만치 않다. 아니, 불가능해 보인다. 하지만 우리는 순도를 최대한 높이기 위해 힘써야 한다.

이것을 우리는 '진정성'이라 부른다. 진정성은 수치화할 수도, 확인할 수도 없다. 하지만 하나님 앞에서 우리는 우리의 깊은 내면을 알 수 있다. 진정성 있게 헌신하고 있는지 아니면 다른 의도가 있는지 그것을 하나님도 아시고 우리 자신도 안다.

진정성 있는 순종과 헌신은 비난하거나 불평하지 않는다. "바쁘고 힘든데 내가 이런 일까지 해야 하나"라고 한탄하지 않는다. 기꺼이 버리는 사람을 하나님이 귀한 리더로 쓰신다.

"주님, 저는 주님의 활입니다. 저를 마음껏 당기소서. 부러질 때까지 당겨주옵소서. 까짓것, 부러지면 어떻습니까? 까짓것, 주님 일을 하다가 내 일이 좀 뒤로 미뤄지면 어떻습니까? 까짓것, 사역을 하다가 돈이 떨어지면 어떻습니까? 안 채워주셔도 좋습니다. 잠자는 시간이 한 시간 줄어도 좋습니다. 주님, 이것이 제 마음입니다."

순수했던 순종과 헌신의 마음이 회복되길 바란다. 존 비비어(John Bevere) 목사는 말했다. "99.9%의 순종이 사람에게는 순종으로 보여도 하나님이 보시기에는 결코 순종이 아니다." 하나님은 100%를 원하신다. 스스로 제한을 두지 않는, 순도 100%의 순종과 헌신을 행하고 가르치기를 원하신다. 그래야 영적 인재를 세워가는 진정한 영적 교사라 할 수 있다.

행복과 성공의 기준이 달라진다

예수님이 승천하신 후 가장 급격하게 일어난 변화는 무엇일까? 바로 제자들의 태도다. 예수님이 이 땅에 계셨을 때는 그들 모두 나름의 기대가 있었다. 개중에는 예수님이 왕이 되면 한자리 차지하겠다는 속셈을 가진 제자들도 있었다.

한마디로 그들은 예수님을 전혀 모르는 꼴통들이었다. 혈기만 왕성한 베드로, 의심 많은 도마… 그런 그들이 예수님의 승천 이후 완전히 달라졌다. 그들은 예수님이 자신들과 함께 계실 때 보혜사 성령을 보내주겠다고 하신 말씀을 기억했다.

그래서 승천을 지켜본 500명 중 120명이 마가의 다락방에 모였다. 그들은 힘써 기도했다. 예수님과 기도할 때면 항상 잠만 자던 그들이 예수님이 안 계신 상황에서 자발적으로 모여 기도했다.

> 여자들과 예수의 어머니 마리아와 예수의 아우들과 더불어 마음을 같이하여 오로지 기도에 힘쓰더라 모인 무리의 수가 약 백이십 명이나 되더라(행 1:14-15).

제자들은 자신들에게 필요한 것이 무엇인지, 어떤 방향으로 기도해야 하는지 명확히 알았다. 그들은 약속을 믿었고 순종하며 기도했다. 그리고 변화되었다. 의심 많고 겁에 질려 배신하던 삶이었지만 순종이라는 행동을 취한 이후 그들은 이전과 완전히 달라졌다.

이제 우리도 관점을 달리해야 할 때가 되었다. 우리가 하는 일은 나를 위한 것도, 사람을 위한 것도 아니다. 하나님을 기쁘게 해드리고 궁극적으로는 그분의 꿈을 이뤄드리기 위함이다. 세상은 자기 자신의 만족을 추구하는 것이 행복의 조건이라고 말한다. 성공의 조건이라고 말한다.

그러나 우리의 행복과 성공은 나 자신을 위하는 데 있지 않다. 단 한 분 예수 그리스도께 헌신하며 순종하는 것에 있다. 순종하기 전까지 제자들은 아무짝에도 쓸모없는 패배자요 낙오자였다. 영적 인재가 아니었다. 그러나 예수님께 마지막 순종의 결단을 함으로써 영적 스승이 되었다.

그리고 더불어 행복과 즐거움을 찾았다. 성공을 얻었다. 그것은 증인으로 살아가는 데서 비롯된 행복이고, 복음을 전하며 기꺼이 매를 맞을 수 있는 즐거움이고, 나라와 민족과 세계 열방에 복음의 깃발을 꽂는 성공이다. 이것이 그리스도 안에서 누리는 진정한 행복과 즐거움, 성공 아니겠는가?

이제 복음을 위해 순종하고 헌신하는 인재가 되라. 앞으로 다가오는 미래에 순종과 헌신이 시스템화되지 않으면 한국 교회는 더 큰 위기에 직면하게 될 것이다.

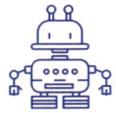

미래 교사, 이것만은 알아두기!

진정한 순종과 헌신은…

- 자기만족과 안정을 기꺼이 포기한다.
- 보상을 바라지 않는다. 헌신 자체가 복인 것을 안다.
- 실현 가능성을 따지지 않는다.
- 자기중심성을 벗어나 하나님의 주권을 100% 인정한다.

교사인 우리는 하나님을 위해 순종과 헌신을 살아내기로 선택하기만 하면 된다. 그러면 부흥은 자연히 도래할 것이다. 순종과 헌신이라는 거룩한 시스템이 공동체 안에 구축된다면 어떤 허술한 프로그램을 적용한다 할지라도 분명 귀한 열매를 보게 될 것이다.

기도는 내가 아니라 하나님이 하신다는 선언이요,
그분에게 모든 것을 맡겨드리는 겸손이다.
기도는 최후의 보루가 아니라 우리의 최선이어야 한다.

6장
기도는 하나님 마음을 알아가는 최고의 길이다

그리스도인에게 가장 큰 능력은 기도다. 복과 번영을 얻어내기 위한 주술 같은 것으로 왜곡되기도 하지만 그래도 기도는 그리스도인에게 가장 중요한 것 중 하나다. 하나님의 마음을 알아가고 그분의 마음을 돌이키는 최고의 방법이기 때문이다.

구약의 히스기야 왕이 그랬다. 나라가 정복당할 것 같은 풍전등화(風前燈火)의 위기 속에서 그는 먼저 하나님 앞에 엎드렸다. 그리고 적들이 보낸 협박 편지를 앞에 놓고 기도하기 시작했다. 하나님은 그에게 큰 승리를 안겨주셨다.

이후 히스기야는 또 한 번의 위기에 놓인다. 죽을병에 걸린 것이다. 이제 영락없이 죽게 생겼다. 하지만 히스기야는 '기도해야 할 타이밍'임을 금방 깨달았다. 그리고 즉시 기도의 자리로 나아갔다. 하나님은 이번에도 마음을 바꾸셔서 그를 15년 더 살게 하셨다. 이것이 바로 기도의 능력이다. 기도해서 병 고쳤다는 것을 말하고 싶은 게 아니다. 히스기야는 위기 때 하나님의 마음을 알고자 기도했고 하나님이 그의 회복을 원하신다는 확신을 갖게 되었다.

성경에는 이런 믿음의 이야기들로 가득하다. 그들은 항상 하나님께 묻고 구할 줄 알았다. 기도의 사람들에게 가장 중요한 것은 언제나 하나님 아버지의 마음이었다. 영적 교사는 참된 기도로 하나님 앞에 설 줄 아는 사람이어야 한다.

기술이 발전하고 문명이 발전할수록 하나님을 의지하기보다 인간의 방법을 선택하려는, 어쩌면 하나님이 없어도 상관없다는 식으로 살아가는 세상이 되는 것 같다. 이럴 때일수록 하나님의 마음을 알아가기 위해 더욱 기도에 힘쓰는 교사가 되어야 할 것이다.

세상의 어떤 것보다 강력한 것이 있다. 바로 기도이다. 기도는 생명이며 기도는 능력이다. 기독 교사는 기도의 용사가 되어야 한다. 어려움이 있든, 슬픔이 있든, 위기가 있든 상황에 관계없이 하나님 앞으로 나아가야 한다. 그런데 갈수록 교사들이 기도의 자리를 떠난다.

다시 말해 하나님 아버지의 마음을 그들 삶에서 그리 중요하지 않은 것으로 여기고 있다. 기도보다 자신의 경험을, 자신의 역량을 의지한다. 참으로 슬픈 일이다. 하나님은 그토록 우리와 대화하기 원하고 그분의 마음을 알려주길 원하시는데 우리는 그 자리를 피한다.

유학 시절 여러 외국인들을 만날 수 있었다. 그들은 한국 교회 하면 가장 먼저 떠오르는 게 기도라고 말했다. 뜨거운 기도의 영성을 먼저 생각했다. 한국은 기도하는 민족이고 그 기도를 통해 하나님은 대한민국을 살리셨다.

일부 몰지각한 그리스도인들이 기복과 번영을 위해 기도를 수단화한다고 하지만 그것 때문에 100년 넘도록 이어져온 신앙 선배들의 귀한 유산을 평가 절하할 수 없다. 이전에도 그랬고 지금도 우리는 기도라는 귀한 믿음의 전통을 이어오고 있다.

한번은 학생들을 데리고 멕시코 티후아나 지역으로 선교를 간 적 있었다. 당시 그곳에 있는 다국적 YWAM 캠프에서 우리는 3개의 미국 선교팀과 동역하게 되었다. 우리는 그들과 영성의 색깔이 조금 다르다는 것을 느끼고 집회 후 별도로 모여 우리만의 기도 모임을 갖기 시작했다.

2-3일 정도 지났을 때다. 그날 밤에도 한참 기도하고 있는데 미국 선교팀 스태프들이 우리를 찾아왔다. 한국의 기도 스타일(Korean Style Prayer)이 좋다면서 우리와 함께 뜨겁게 기도하고 싶다는 것이었다. 우리는 이런 민족이다. 다른 나라 사역자들이 봐도

좋은, 그렇게 열정적인 기도의 전통이 있는 민족이다.

그런데 안타깝게도 이런 전통을 점점 잃어간다. 기도를 권하지도, 가르치지도 않는다. 기도하는 방법도, 기도의 유익도 잊어간다. 영적인 리더십을 발휘해야 하는 교사들조차도 하나님의 의중을 묻기 위해 기도의 자리로 나가지 않는다.

기도 맛을 알아야 기도한다

기도하지 않는 이유는 무엇일까? 기도의 참맛을 모르기 때문이다. 고기도 먹어본 사람이 먹는다고, 기도 역시 기도의 맛을 아는 사람이 한다. 기도는 어떤 맛을 가지고 있을까?

첫째, 기도는 변화의 능력이라는 맛이 있다. 기도하는 사람은 변하게 되어 있다. 변할 수밖에 없다.

> 그들 앞에서 변형되사 그 얼굴이 해 같이 빛나며 옷이 빛과 같이 희어졌더라(마 17:2).

> 기도하실 때에 용모가 변화되고 그 옷이 희어져 광채가 나더라(눅 9:29).

예수님은 기도하셨고 그때 놀라운 변화가 일어났다. 얼굴이 해

같이 빛나고 옷은 빛과 같이 희어졌다. 눈으로 직접 목격할 수 있는 물리적인 변화가 일어난 것이다.

> 그들이 다 성령의 충만함을 받고 성령이 말하게 하심을 따라 다른 언어들로 말하기를 시작하니라(행 2:4).

예수님의 승천 후 그분이 약속하신 성령을 기다리며 마가의 다락방에서 기도하던 제자들은 어떻게 되었을까? 성령을 받고 변화되었다. 더 이상 패배 의식에 머물지 않았다. 가치를 위해 뛰기 시작했다. 삶의 변화를 경험한 그들은 시도 때도 없이 전하고 가르쳤다. 복음을 위해 아낌없이 몸을 불살랐다.

기도하면서 참다운 하나님의 은혜를 누리게 되면 모든 것이 변하게 되어 있다. 약한 것이 강해지고, 소망 없던 세상에 소망이 생기고, 아픔 속에서도 기쁨을 회복하는 변화를 누리는 것이다. 이처럼 기도만큼 강력한 것은 없다.

일전에 한 청년에게 전화를 받은 적 있다. 울면서 너무 힘들다고 토로하는 그에게 내가 무엇을 해줄 수 있겠는가! 인간의 얄팍한 경험과 지식으로는 상처 입은 영혼에게 위로를 줄 수 없다. 들어주는 것만으로도 위로가 된다고 하지만 위로는 될 수 있을지언정 해결은 안 된다. 단지 기도해주는 수밖에는 없다.

그런데 그 기도가 세상이 줄 수 없는 참된 위로와 평안을 준다. 기도하면서 내가 무언가를 했기 때문이 아니라 그 사람보다 그를 더 잘 아시는 우리 아버지 하나님이 그를 친히 위로하시기 때문이다. 교사가 기도의 자리에 있어야 하는 이유다. 교사는 기도로 위로하고 기도로 회복시키며 기도를 가르치는 사명자다.

기도를 하면 마음이 변하고 마음이 변하면 생각도 달라진다. 변화된 생각의 열매는 감사와 기쁨이다. 보통 기도의 사람 하면 고아의 아버지 조지 뮬러(George Muller)를 말한다. 그는 5만 번 기도 응답을 받은 사람으로도 유명하다.

그의 이야기를 들을 때마다 나는 곰곰이 생각해보곤 한다. "어떻게 그 많은 응답을 받았을까?" 그는 긍정과 감사로 하나님께 반응했던 사람임에 틀림없다.

널리 알려진 에피소드가 하나 있다. 백 명이 넘는 고아들을 돌보고 있던 뮬러는 어느 날 먹을 것이 다 떨어지는 난감한 상황에 맞닥뜨렸다. 그는 고아들을 전부 식당에 앉혔다. 테이블 위에는 빈 그릇과 스푼, 포크만 있었다. 그리고 기도를 하기 시작했다.

"오늘도 일용할 양식을 주셔서 감사합니다. 잘 먹겠습니다. 예수님의 이름으로 기도합니다, 아멘." 먹을 것이 없음에도 불구하고 하나님께 감사 기도를 드린 것이다. 그런데 그때 밖에서 누가 문을 두드렸다.

자초지정은 이랬다. 어느 장사꾼이 마차에 빵을 싣고 가던 중이었는데 그만 마차 바퀴가 진흙 속에 빠져버렸다. 더 이상 갈 수 없게 되었다. 마차에 있던 빵을 전부 버려야 하는 상황이었다. 당시에는 방부제가 없었기 때문에 기한 내에 배달하지 못하면 다 버려야 했다.

그런데 그의 눈에 고아원이 보였다. 빵을 버리느니 차라리 저곳에 가져다주자는 마음이 들었다. 하필이면 왜 고아원 앞에서 이런 일이 벌어졌을까? 왜 뮬러는 음식 하나 없는 상황에서 그 타이밍에 감사 기도를 드렸던 것일까?

뮬러에게는 언제나 "주님이 채우실 것이다"라는 긍정적인 생각이 있었다. 복권이 당첨되길 바라는, 밑도 끝도 없는 긍정과는 다르다. 그의 긍정은 하나님께 단단히 근거를 두고 있었다. 하나님을 향한 신뢰와 감사가 그를 기도 응답의 사람으로 만든 것이다.

생각만 바뀌는가? 반드시 행동도 바뀌게 되어 있다. 따지고 보면 기도 하나 했을 뿐인데 마음이 바뀌고, 생각이 바뀌고, 행동이 바뀌는 전인격적인 변화를 경험하게 된다. 기도를 해도 생각과 행동이 바뀌지 않는다면 자신의 기도를 한 번 돌아볼 필요가 있다.

교사라면 이 놀라운 축복의 현장에 동참하기 바란다. 소망이 없다고 느껴진다면 더더욱 힘써 하나님을 의지해야 할 때다. 하나님께 쓰임받는 교사라면 기도를 통해 하나님의 의중을 물어야 한다.

기도는 최후의 보루가 아니라 우리의 최선이어야 한다. 앞이 캄캄하다고 푸념할 게 아니라 '하나님을 의지하는 자리'로 나아가야 한다.

상황이 힘들고 어렵고 소망이 없어 보이는 이유는 세상의 문제가 아니다. 세상은 언제나 소망이 없었다. 우리 그리스도인들은 문제의 원인을 사회 구조적인 부조리가 아니라 '기도하지 않음'에서 찾아야 한다. 말하기 전에 기도하자. 행동하기 전에 기도하자.

제자들을 변화시키셨던 그 하나님이 내 삶도 변화시키실 것을 기대하며 기도하자. 그리고 기도하는 자에게 축복하시는 하나님을 증언하자. 진정한 교사가 되려면 기도의 훈련이 필요하다. 기도는 내가 아니라 하나님이 하신다는 선언이요, 그분에게 모든 것을 맡겨드리는 겸손이다.

둘째, 기도에는 하나님의 마음을 알아가는 맛이 있다. 그분의 마음을 알아갈수록 그분을 사랑하고 의지하게 되는 맛이 있다. 많은 사람들이 기독교를 가리켜서 체험의 종교, 체험의 신앙이라고 말한다. 체험을 통해 우리의 믿음은 깊어지고 우리의 신앙은 성숙해진다.

사복음서에 나오는 수많은 병자들을 보라. 맹인, 혈루병 여인, 손 마른 자… 그들은 예수님을 만나 병 고침을 경험하고 강력한 믿음을 얻었다. 이런 경험은 예수님과의 만남, 즉 기도를 통해 얻어진 것이었다. 기도할 때 은혜가 있고 주의 영이 함께함을 누리게 된다.

그런데 여기서 조심해야 할 것이 있다. 변화도 좋고 경험도 좋지만 그것으로 끝나면 안 된다. 성경에 나온 수많은 이적과 기사의 본질은 치유에 있지 않았다. 모든 것은 수단이었다. 하나님을 사랑하고, 하나님을 의지하고, 하나님을 신뢰하기 위한 수단이었던 것이다.

우리는 수단만을 놓고 기도하는 데 멈춰서는 안 된다. 좋은 대학에 가게 해달라, 물질의 복을 달라, 사업을 확장시켜달라, 건강하게 해달라… 이런 기도 자체를 나무랄 순 없지만 여기서 끝나지 않고 십자가로 나아가야 한다. "여기 있는 것이 좋사오니 초막 셋을 짓겠습니다"의 신앙이 되어서는 안 된다. 주의 말씀과 십자가로 나아가야 한다.

기도를 통해 하나님의 마음을 알아가는 것, 하나님이 보시는 것을 같이 보고, 하나님이 마음 아파하시는 것을 같이 아파하는 것이야말로 우리의 기도 사역 방향이 되어야 한다. 기독 교사의 힘은 여기에 있다. 기도를 통해 하나님의 깊은 마음을 헤아리기 바란다. 그리고 기도를 가르치면서 아이들을 하나님 마음을 품는 사람으로 세워가라.

기도는 하나님이 하신다는 선언이다

성경에 나오는 인물들 중 다니엘만큼 많은 이들의 부러움을 한 몸에 받는 사람도 드물다. 그는 믿음의 사람이었다. 목숨을 위협받는 상황에도 믿음의 소신을 지키며 철저히 하나님의 방식을 고수했다. 그리고 마침내 살아 계신 하나님을 드러냈다. 그는 실력 또한 뛰어난 사람이었다.

> 다니엘은 마음이 민첩하여 총리들과 고관들 위에 뛰어나므로 왕이 그를 세워 전국을 다스리게 하고자 한지라 이에 총리들과 고관들이 국사에 대하여 다니엘을 고발할 근거를 찾고자 하였으나 아무 근거, 아무 허물도 찾지 못하였으니 이는 그가 충성되어 아무 그릇됨도 없고 아무 허물도 없음이었더라(단 6:3-4).

"마음이 민첩하다"는 말은 NIV에 "by his exceptional qualities"라고 표현되어 있다. '유능하다'는 의미다. 사람들은 다니엘을 고발하기 위해 허물을 찾고자 했으나 그에게서 아무 흠도 발견할 수 없었다. 그는 그저 하나님 백만 믿고 막무가내로 행동하는 사람이 아니었다.

영성 못지않게 실력도 출중했다. 주어진 생에 최선을 다하며 준비하는 사람이었다. 여기서 우리는 그가 50:50이 아니라 100:100

으로 살아가는 사람이었음을 기억해야 한다. 즉 50%는 하나님의 은혜, 50%는 자신의 실력으로 삶을 채워가던 사람이 아니라 어떤 일이건 100% 최선을 다하고 100% 하나님의 은혜를 구하는 사람이었다. 하나님의 '전적인' 은혜가 아니면 모든 노력이 물거품된다는 것을 아는 사람이었다.

사람들은 그런 다니엘을 내버려두지 않았다. 눈엣가시처럼 여긴 것 같다. 못 잡아먹어서 안달이었다. 믿음으로 사는 하나님의 사람은 이처럼 애매한 고난과 위기 가운데 놓일 때가 많다. 철저히 신앙으로 살아갈수록 도리어 오해를 받고 배신을 당하며 음모에 휩싸인다.

다니엘 역시 그러했다. 그는 자신을 표적 삼은 대적들에게 모함을 받아 사자 굴에 끌려가게 된다. 다니엘은 이 위기를 어떻게 돌파했을까?

> 나라의 모든 총리와 지사와 총독과 법관과 관원이 의논하고 왕에게 한 법률을 세우며 한 금령을 정하실 것을 구하나이다 왕이여 그것은 곧 이제부터 삼십 일 동안에 누구든지 왕 외의 어떤 신에게나 사람에게 무엇을 구하면 사자 굴에 던져 넣기로 한 것이니이다(단 6:7).

다니엘은 세상의 처세술을 따르지 않았다. 위기 앞에서 기도로 정면승부를 했다. 왕 외의 어떤 신이나 사람에게 구하면 사자 굴에 던져 넣겠다는 조서가 내려졌음에도 그는 전혀 요동하지 않았다. 당황하거나 겁먹지 않았다.

> 다니엘이 이 조서에 왕의 도장이 찍힌 것을 알고도 자기 집에 돌아가서는 윗방에 올라가 예루살렘으로 향한 창문을 열고 전에 하던 대로 하루 세 번씩 무릎을 꿇고 기도하며 그의 하나님께 감사하였더라 (단 6:10).

세상의 관점에서 보자면 습관을 좇아 기도하는 것은 결코 좋은 선택지가 아니었다. 생명을 건 행동이었다. 대적이 작정해놓은 덫에 발을 대는 것이었다. 그러나 다니엘은 사람의 말에 귀 기울이거나 타협하지 않고 묵묵히 하나님께 나아가 엎드려 기도했다.

누구나 인생의 위기는 존재한다. 누구도 그 위기를 피해갈 수 없다. 위기 가운데 우리는 어떻게 해야 할까? 세상이 들려주는 지혜에 귀 기울여야 할까? 우리는 우선 우리가 그리스도인임을 기억해야 한다. 그리스도인이란 제일 먼저 하나님을 의지하는 사람이다.

우리는 그분께 먼저 나아가 기도해야 한다. 어떤 위기이든 그것을 반드시 '기도'로 풀어야 한다. 다니엘은 기도하면 죽을 걸 알았음에도 어떻게 기도할 수 있었을까? 지금껏 인생의 위기 앞에서 하나님이 도우셨던 걸 기억하며, 이 문제를 풀 수 있는 건 내가 아니라 하나님밖에 없음을 확신했기 때문이다. 그는 이미 굴곡진 인생을 통해 하나님을 경험적으로 알아왔다. 하나님이 얼마나 위대하고 인자하며 전능한 분인지를 온 몸으로 경험했다.

기도하지 않은 사람은 하나님에 대한 경험도 적다. 위기 속에서 하나님밖에 없음을 확인하게 되는 경험도 적다. 경험이 부족하기에 이론만으로 신앙을 유지해간다. 마치 상아탑 속에 틀어박혀 책만 파고드는 것과 같은 이치다.

다니엘이 기도를 붙잡을 수 있었던 건 기도로 승리한 경험이 있었기 때문이다. 어려운 일을 당할 때 하나님을 의지하는 것이 정답임을 알았다. 우리에게도 이런 확신이 필요하다. 확신이 기도하게 한다. 세상을 두려워하지 않고 기도함으로써 승리하는 삶을 살게 한다.

인생의 가장 큰 위기가 무엇인 줄 아는가? 내 안에 하나님이 계시고 그분께 기도할 수 있음에도 불구하고 기도하지 않는 것이다. 연약한 교사는 힘들 때 하나님을 의지하지 않고 자신을 바라본다. 사명을 잊은 채 자신의 힘겨운 상황이나 내면 상태에 집중한다. 고단함을 호소하는 자신의 소리에 귀 기울인다. 이때가 교사에게 가장 큰 위기임을 기억해야 한다.

미국에서 유학하던 시절이었다. 큰아들의 앞니가 흔들렸다. 흔히 말하는 유치가 빠지는 때가 된 것이다. 보통 한국에서는 유치를 발치하는 데 3,000-5,000원이지만 미국은 사정이 다르다. 당시 15-20만 원의 경비가 필요했다. 유학 시절 발치 하나 하자고 그리 큰 금액을 지출할 수 없었다. 결국 집에서 뽑기로 했다. 문제는 큰 아들이 상당히 겁이 많다는 점이다.

입 근처에 손도 못 대게 했다. 얼러 보고 협박도 했다. 계속 울기만 하는 녀석에게 이렇게 타일렀다. "아들아, 아빠를 믿어. 절대 아프지 않아. 괜찮을 거야." 그때 아들이 던진 말 한마디는 지금도 생생하게 뇌리에 박혀 있다. "아빠, 내가 아빠를 어떻게 믿어…." 충격이었다, 아빠를 못 믿다니!

하나님은 매일 충격을 받고 계실지 모른다. 믿는다고 할 때는 언제고 이제 믿지 못하겠단다. 우리 하나님은 매일 우리 때문에 충격에 휩싸여 계실지 모르겠다. 위기 상황 때문에 위기가 아니다. 하나님을 찾지 않기 때문에 위기요, 기도로 하나님을 신뢰하지 않기 때문에 위기다. 우리에게 믿음이 없어서 문제인 것이다.

다니엘은 어떠했는가? 한 치 앞을 내다볼 수 없는 일촉즉발의 상황이었다. 그렇지만 다니엘에게 이 상황은 위기처럼 느껴지지 않았다. 왜일까? 하나님을 온전히 신뢰했기 때문이다. 그분을 의지하며 철저히 기도했기 때문이다. 그는 하나님을 믿었기에 타협할 수 없었다. 물러설 수 없었다.

"하나님, 내 인생은 하나님 아니면 안 됩니다. 사방으로 우겨쌈을 당하여도 오직 한 길, 오직 예수 그리스도밖에 없습니다. 나는 능력이 없습니다. 세월이 지나갈수록 의지할 것뿐입니다. 무슨 일을 만나도 오직 주님만을 의지합니다." 그의 기도가 이렇지 않았을까 상상해본다. 우리의 가는 길은 오로지 기도하며 나아가는 믿음의 길밖에 없다.

From에서 In으로

다니엘은 기도했다. 생명을 걸고 기도했다. 추측컨대, 다니엘 측근들은 이렇게 충언하지 않았을까 싶다.

"이러시면 죽음을 당할 것입니다."

"당신이 죽으면 우리는 어떻게 됩니까? 당신은 상징적인 인물입니다. 저는 처자식이 다섯 명이나 됩니다. 이대로 죽을 순 없어요."

"그냥 30일만 참으시면 안 되겠습니까? 굳이 기도를 하셔야 한다면 숨어서 아무도 모르게 그렇게 기도하시면 안 되겠습니까?"

그럼에도 다니엘은 기도한다. 계속 기도한다. 놀랍게도 하나님은 아무 응답이 없으시다. 이전에는 허공에 "메네 메네 데겔 우바르신"(단 5:25)이라는 글자를 쓰시고 직접 해석까지 하게 하셨던 하나님인데 이번에는 이상하리만치 침묵하신다. 다니엘의 심정은 어떠했을까?

드디어 D-day가 되었다. 왕 앞에 불려나간다. 그는 또 무슨 기도를 했을까? 나라면 아마 이렇게 기도했을 것이다. "하나님, 제발 도와주십시오. 30일이나 기도했습니다. 이제 그만 침묵하십시오. 기적을 베풀어주십시오. 능력을 부어주실 때입니다. 수많은 동포들이 저를 보고 있지 않습니까? 제가 죽으면 모든 게 끝입니다."

하나님은 여전히 침묵하신다. 그럼에도 다니엘은 초지일관이다. 어떻게 그럴 수 있었을까? 하나님의 하나님 되심을 신뢰하며 인내할 수 있는 믿음이 있었기 때문이다. 살려주면 믿고, 살려주지 않으면 안 믿는 그런 얄팍한 수준의 믿음이 아니었다. 그는 완전히 하나님께 올인했다.

기도는 올인이다. 교사라면 올인할 수 있어야 한다. 하나님께 모든 것을 걸 수 있어야 한다. 그냥 하나님 한 분으로 만족하는 것이 기도다. "기도를 들어주시면 하나님을 찬양하겠습니다"가 아니라 견고하게 그분을 바라보는 믿음, 그것이 다니엘의 믿음이었고 하나님이 우리에게 요구하시는 믿음이다.

우리는 기도하면서도 조바심을 낸다. 응답이 없는 것처럼 느껴지면 낙심하고 때로 분노한다. 그러다 한참 지나고 나서야 무릎을 치며 '이거구나!'라고 말하게 된다. 하나님의 침묵을 슬퍼하지 말라. 두려워하지 말라. 침묵하신다고 포기하지 말라. 우리가 끝이라고 생각하는 그 순간 하나님은 일하기 시작하신다.

다니엘이 사자 굴에 들어갔다. 이제 끝이다. 그런데 죽지 않는다. 죽어야 하는데, 끝나야 하는데… 안 죽고 안 끝난다. 이것이 하나님의 방식이다. 하나님은 위험에서 '벗어나'(from)가 아니라 위험 '속에서'(in) 일하시는 분이었다.

다니엘은 이것을 알았다. 하나님이 어떻게 일하시는 분인지를 꿰뚫어봤다. 그래서 그는 끝까지 믿음을 지키며 사자 굴에 들어가기까지 하나님을 바라볼 수 있었던 것이다. E. M. 바운즈(Edward Mckendree Bounds)는 다음과 같이 말했다.

> 우리는 기도를 시작해야 할 지점에서 낙담하고 그만둘 때가 너무 많다. 우리는 가장 강하게 붙잡아야 할 시점에서 손을 놓아버린다. 그러나 우리 하나님은 끈질기게 기도하며 구하는 자를 사랑하시며, 간구가 응답될 때까지 포기하기를 거부하는 사람에게 응답하신다.

다니엘처럼 기도하는 교사가 되라. 원하는 응답이 없더라도, 사태가 해결되지 않더라도 하나님만 바라는 철저한 기도의 교사가 되라. 기도 응답의 축복을 경험하고 살아가는 교사가 되길 바란다.

미래 교사, 이것만은 알아두기!

- 교사에게 가장 필요한 것 중 하나는 기도다. 기도는 '하나님의 마음을 알아가는 것'이기 때문이다.
- 기도하면 생각과 관점이 바뀌고 행동이 달라진다. 감사와 기쁨이 생긴다.
- 기도하면 하나님을 신뢰하고 의지하게 된다.
- 기도를 통해 하나님이 보시는 것을 같이 보고, 하나님이 마음 아파하시는 것을 같이 아파하는 것이야말로 교사의 기도 사역 방향이 되어야 한다.

기술 문명이 발전할수록 하나님을 의지하기보다 인간의 방법대로 살아가려는 세상이 되는 것 같다. 이럴 때일수록 영적 교사는 참된 기도로 하나님 앞에 설 줄 알아야 한다. 기도는 하나님의 방식대로 순종하겠다는 선언이기 때문이다.

교사는 느낌이 아닌 말씀으로 움직이는 사명자다.
하나님의 말씀을 기준으로 삼는다는 것은
하나님을 선택의 주체로 모신다는 의미다.

7장
변하는 시대에 하나님이 기뻐하시는 선택을 하라

고전이 된 〈매트릭스〉라는 영화가 있다. 꽤 오래전 영화이지만 미래에 펼쳐질 가상의 과학 기술들을 잘 표현해놓았고 이중 상당 부분은 실제로 연구되는 과정 중에 있다. 영화는 2199년을 배경으로 한다.

고도로 발달한 인공지능 로봇은 자율 감정과 자의식을 갖게 되고 인간을 위협하는 수준에 도달한다. 인간과 로봇은 각자의 생존을 위해 물러설 수 없는 전쟁을 벌인다. 그 와중에 로봇은 생명연장을 위한 에너지를 인간에게서 얻어내기 위해 인간을 인큐베이터에 배양한다.

그리고 그렇게 배양한 인간들을 1999년이라는 가상 세계의 억 압적이고 규칙화된 매트릭스의 구조에 넣어 지배한다. 반면 가상현실에서 깨어난 인간들은 조작된 매트릭스 구조를 부수기 위해 인공지능 로봇에 격렬히 저항한다.

이 영화는 재미있는 규칙 하나를 제공한다. 주인공 네오를 끊임없이 선택의 기로 앞에 세우는 것이다. 〈매트릭스〉 1편에서는 네오가 시온(프로그램화된 매트릭스와 상반된 개념으로, 기계에 의해 지배되지 않은 인간들만의 영역)으로 입성할 것인지 말 것인지 고민하는 장면이 나온다.

두 개의 구슬 중 하나를 선택해야 하는데 하나는 시온으로 입성하는 것을, 또 하나는 모든 것을 잊고 일상으로 복귀하는 것을 의미한다. 결국 네오는 시온으로의 입성을 선택한다. 이처럼 주인공은 계속 '무엇을 선택해야 바른 결정일까? 내가 과연 옳은 결정을 하고 있는 것일까?'라는 고뇌를 되풀이하며 영화를 이끌어간다.

이러한 선택의 과정은 네오에게만 해당되는 게 아니다. 현재를 살아가는 우리도 여러 형태의 선택 앞에 놓여 있다. 지금처럼 시공간이 압축된 세상에서는 그 선택이 더욱 복잡하고 다양해졌다.

일전에 〈일요일 일요일 밤에〉라는 예능 프로그램의 〈인생극장〉 코너가 인기를 크게 끌었었다. 주인공은 매번 두 가지 중 하나를 선택해야 하는 상황에 놓인다. 이 코너의 독특함은 각각을 선택한 경우의 결말을 전부 보여준다는 점이다. 물론 결말이 똑같을 리

없다.

　이 프로그램을 볼 때마다 나는 이런 생각을 했었다. "결말을 전부 경험한 다음 선택할 수 있다면 얼마나 좋을까?" 그러나 현실적으로 불가능한 일이다. 반드시 무언가 하나를 결정해야 하고 어떤 결정을 하든지 상황은 돌이킬 수 없다. 누구나 좋은 결정을 하고 싶어 하지만 쉽지 않다.

　그렇다면 어떤 것이 옳은 선택일까? 명쾌하게 고를 수 있는 상황이면 좋지만 판단하기가 애매하거나 고통을 감수해야 하는 경우라면 많은 이들이 전통을 택한다. '좋은 게 좋은 거다'는 식으로 과거의 것을 답습한다. 변화가 두렵거나 귀찮기 때문이다.

　교회들 역시 마찬가지다. 새로운 사역을 시도할라치면 "예전에 해봤는데 안되더라"는 피드백이 대부분이다. 변화가 필요하다는 걸 알면서도 막상 시도하기를 주저한다. 분명 예배의 감격과 역동성이 사라지고 있는 걸 보면서도 뭐 하나 변화시키기를 싫어한다. 익숙한 것이 좋고 편하다.

　한번은 미군이 대포 사격 시간이 너무 길다는 자체 판단을 하고 전문가에게 무엇이 문제인지 알아보도록 했다. 현장을 조사한 전문가는 병사들이 대포를 쏠 때마다 3초 정도 뒤로 물러나서 기다린다는 사실을 알아냈다.

　병사들에게 그 이유를 물었더니 그들은 그저 교전 수칙을 따른 것뿐이라고 대답했다. 전문가는 과거 자료를 모두 찾아보고는 그 수칙이 남북전쟁 때 시작된 것임을 발견했다. 당시 군인들은 포를 운반하는 말이 대포 소리에 놀라 날뛰는 것을 막기 위해 포를 쏘기 전에 반드시 뒤로 물러나 말의 고삐를 잡고 있으라는 지시를 받았던 것이다.

그런데 세월이 흘러 더 이상 붙잡아야 할 말이 존재하지 않는데도 당시의 일이 여전히 벌어지고 있었다. 어느 누구도 수칙의 필요성을 재고하지 못할 만큼 익숙함에만 머물러 있었던 것이다.

어떤 교회는 새벽예배건 수요예배건 금요철야건 모든 예배마다 헌금을 한다. 헌금을 하는 이유는 간단하다. 오래전부터 그렇게 해왔기 때문이다. 어떤 교회는 새벽마다 찬송가 네 장을 꼭 불러야 한다. 역시 예전부터 그렇게 해왔기 때문이다. 바꾸자고 하면 다들 힘들어한다. 헌금하는 것이, 찬송가 부르는 것이 잘못되었다는 얘기가 아니다.

"무엇 때문에 하느냐?"라는 본질적인 물음이 필요하다는 점을 강조하는 것이다. 전통을 선택하는 것이 최선은 아니다. 전통의 의미를 생각할 수 있어야 한다. 무엇 때문에 그 선택을 하는지, 무엇이 예수님을 기쁘게 해드리는 선택인지를 고민해야 한다.

미래에는 수많은 전쟁이 있을 것이다. 심리, 문화, 영성, 윤리, 인권, 정치 등 전쟁의 양상도 다양해질 것이다. 우리는 그 전쟁에서

'선택'해야 한다. 교사라면 수많은 갈림길 앞에서 바른 선택을 할 수 있어야 한다. 그 선택을 통해 하나님을 경험하고, 자신이 경험한 하나님을 아이들에게 전달할 수 있어야 한다. 교사는 그런 자리다. 거듭 강조하지만 바른 선택이란 예수님이 원하시는 선택이다. 전통을 의미 없이 답습하는 것이어서는 안 된다. 그렇다면 타성에 젖은 선택을 뿌리치는 방법은 무엇일까?

정보를 선택하지 마라

요나서의 주인공인 요나는 하나님의 말씀대로 '니느웨'를 선택하지 않고 '다시스'라는 그릇된 선택을 한다. 배를 타고 당시 지구의 끝이라고 여겨졌던 다시스로 도망가면 하나님이 자신을 못 찾으실 줄 알았던 모양이다.

그 당시 사람들은 하나님을 이스라엘에만 계시는 분으로 잘못 알고 있었다. 그러나 우리가 알고 있는 대로 하나님은 그를 도망자로 놔두지 않고 큰 물고기 뱃속에 밀어넣으셨다.

> 자기가 여호와의 얼굴을 피함인 줄을 그들에게 말하였으므로 무리가 알고 심히 두려워하여 이르되 네가 어찌하여 그렇게 행하였느냐 하니라 바다가 점점 흉용한지라 무리가 그에게 이르되 우리가 너를 어

떻게 하여야 바다가 우리를 위하여 잔잔하겠느냐 하니 그가 대답하되 나를 들어 바다에 던지라 그리하면 바다가 너희를 위하여 잔잔하리라 너희가 이 큰 폭풍을 만난 것이 나 때문인 줄을 내가 아노라 하니라 (욘 1:10-12).

요나는 왜 죽음을 불사하면서까지 하나님의 말씀에 불순종했을까? 성경은 이렇게 말한다.

요나가 매우 싫어하고 성내며 여호와께 기도하여 이르되 여호와여 내가 고국에 있을 때에 이러하겠다고 말씀하지 아니하였나이까 그러므로 내가 빨리 다시스로 도망하였사오니 주께서는 은혜로우시며 자비로우시며 노하기를 더디하시며 인애가 크시사 뜻을 돌이켜 재앙을 내리지 아니하시는 하나님이신 줄을 내가 알았음이니이다 여호와여 원하건대 이제 내 생명을 거두어 가소서 사는 것보다 죽는 것이 내게 나음이니이다 하니(욘 4:1-3).

요나는 사악하고 불결하고 악독한 이방인들의 죄는 죽음으로 다스려야 한다는 잘못된 정보를 가지고 있었다. 구원은 선민이라 불리는 자기 민족에게만 해당된다고 믿었다. 그러나 하나님은 그렇게 말씀하지 않으셨다.

> 여호와께서 이르시되 네가 수고도 아니하였고 재배도 아니하였고 하룻밤에 났다가 하룻밤에 말라 버린 이 박넝쿨을 아꼈거든 하물며 이 큰 성읍 니느웨에는 좌우를 분변하지 못하는 자가 십이만여 명이요 가축도 많이 있나니 내가 어찌 아끼지 아니하겠느냐 하시니라(욘 4:10-11).

하나님은 이스라엘도 중요하지만 좌우를 분변하지 못하는 니느웨의 12만 생명도 존귀하고 소중하다고 말씀하셨다. 그들도 동일한 하나님의 피조물이요, 사랑받기에 합당한 가치 있는 존재로 여기셨다.

때때로 우리 역시 요나처럼 하나님의 정보보다 인간의 정보를 우선하는 잘못을 범한다. 이러한 인간 중심의 정보 선택은 세상을 결함 있게 만드는 원인이다. 안타깝게도 오늘날 많은 사람들이 자신의 판단을 의지한다.

내 안에 '내'가 가득해 그 어떤 것도 들어올 여지가 없다. 내가 직접 보고 듣고 만진 것만 신뢰하려고 한다. 물론 경험에 근거한 정보는 좋은 참고가 될 수 있으나 완결판은 절대 아니다. 최종적인, 최선의 선택은 하나님의 정보에 따른 것이어야 한다.

자기중심성을 경계하라

갈수록 심각해지는 사회적 화두가 있다. 바로 저출산 문제다. 해가 갈수록 출산율이 떨어진다. OECD 국가 중 한국의 출산율은 1.12명, 서울의 경우는 0.94명까지 추락했다. 세계적인 석학인 피터 드러커(Peter F. Drucker)는 『21세기 지식경영』에서 저출산을 '집단적 자살 행위'라고 규정했다. 그만큼 우리 사회는 엄청난 위기에 직면해 있다.

출산율이 낮아진 데는 몇 가지 이유가 있다. 전문가들의 말을 빌리면 이제 부부가 같이 벌지 않으면 생계를 꾸리기 힘든 사회가 되었기 때문이다. 개인의 자유와 자립을 중시하는 생활양식과 가치관이 확산되면서 의도적으로 자녀를 두지 않는 딩크족이 늘어난 것도 하나의 이유다.

그런데 그보다 더 큰 문제가 있다. 많은 청년들이 결혼 자체를 주저하고 있는 것이다. 싱글족이 증가하면서 싱글족을 위한 문화코드와 사회구조가 급부상하고 싱글을 위한 주택, 싱글을 위한 세탁, 싱글을 위한 편의점, 싱글을 위한 고깃집 등 싱글 서비스업이 새로운 블루오션으로 급성장하고 있다.

청년들은 왜 결혼을 주저하는 것일까? 정치, 경제, 사회, 문화 등 다양한 이유가 있다. 어느 하나만의 문제는 아닐 것이다. 그러나 한 가지 분명한 것은 그들의 인식 변화가 비혼을 선택하는 중요한 변수가 되었다는 점이다. 적지 않은 사람들이 결혼이라는 이슈를 앞두고 이해득실을 먼저 고려한다. 결혼조차 이기적인 선택으로 바뀌고 있다.

이런 현상은 사회적인 성공을 거둔 이들 사이에서 더욱 두드러진다. 물질적 풍요와 여유를 갖게 된 사람들은 구속받기를 싫어한다. 시간, 물질 등 결혼 후 닥칠 현실적인 구속을 두려워하고 부담스러워 한다. 그래서 그들은 그냥 싱글로 여유 있는 삶을 누리기 원한다.

설사 결혼을 선택하더라도 배우자의 조건을 우선시한다. 집안 형편은 어떠한지, 직업은 무엇인지, 어떤 집과 어떤 차를 가지고 있는지가 결혼의 최우선 조건이다. 이런 것을 보면 인간은 결국 자기중심적인 기준에 따라 선택할 수밖에 없는 이기적인 존재인 것 같다.

태초에 인류의 원죄도 '내가 하나님처럼 되겠다'는 아담과 하와의 이기심에서 출발하지 않았는가? 가인이 아벨을 죽인 최초의 살인 사건도 따지고 보면 이기심과 시기심에서 비롯된 것이다. 자신을 정당화하려는 이기적인 생각과 행동이 결국 파멸을 자초하고 말았다.

그러므로 중요한 선택을 하는 데 있어 인간을 믿고 의지하는 것은 어리석음의 시작일 수 있다. 나아가 파멸로 치닫는 길이 되기도 한다. 인간은 믿을 만한 존재가 아님을 기억하자. 우리 내면에 있는 지독한 자기중심성과 이기심이 올바른 선택을 방해하고 있지는 않은지 늘 점검하자. 진정한 교사라면 선택의 순간순간마다 자신의 한계를 주님 앞에 내려놓고 그분의 지혜를 온전히 구해야 할 것이다.

느낌이 아닌 말씀에 따라

옛 유행가 가사에 이런 대목이 있다. "만날 수 없잖아 느낌이 중요해 난 그렇게 생각해… 한번을 만나도 느낌이 중요해 난 그렇게 생각해." 『블링크』의 저자인 말콤 글래드웰(Malcolm Gladwell)은 "처음 2초 동안의 판단이 때로는 몇 개월의 분석 자료보다 정확하고 강력하다"고까지 했다. 느낌이 좋으면 결과도 좋을 것이라는 역설이다.

그러나 생각해보라. 느낌에 모든 것을 맡긴다면 어떻게 되겠는가? 주식에 손댄 대부분의 개미들은 망한다. 쪽박을 찬다. 기관 투자가들과 처음부터 싸움이 되지 않기 때문이다. 왜 싸움이 되지 않을까? 개미 투자자들 상당수는 자기 느낌대로 승부수를 띄우기 때문이다. 한마디로 어떤 객관적인 정보나 축적된 데이터 없이 느낌을 믿는다.

반면 기관 투자가들은 절대 느낌에 승부를 걸지 않는다. 그들은 방대한 정보를 먼저 확보한다. 해당 기업의 실적이 어떠한지, 개발

중인 제품이 어느 수준에 와 있는지, 그룹의 CEO가 앞으로 어떤 전략을 구상할지 등을 분명히 예측한다.

막연해서는 이길 수 없다. 막연하면 올바른 선택이 불가능하다. 느낌대로 살다가는 느낌과 함께 사라진다. 안타깝게도 교사로 부름받은 이들 중 상당수가 느낌에 의존한다. 말씀에 관한 철저한 분석을 게을리한다. 끈질긴 기도의 무릎도 없다. 그저 수년간 해왔던 경험을 의존할 뿐이다.

물론 어느 정도의 직관은 중요하지만 그것을 뒷받침해줄 명확한 자료가 있어야 한다. 그리고 그 자료를 객관화하고 분석하는 수고도 뒤따라야 한다. 하루에도 몇 번씩 동요하는 감정과 달리, 우리가 이 세상에서 견고하게 붙들 수 있는 유일한 선택의 기준은 무엇일까? 바로 하나님의 말씀이다.

세상은 애매모호하거나 거짓된 정보들로 가득하다. 이런 정보들을 근거로 삼을 때 우리는 좌충우돌할 수밖에 없다. 혼돈 속에서 정확한 판단의 근거가 되는 분은 오직 하나님밖에 없으며 우리는 당연히 그 하나님의 말씀이 기록된 성경을 의지해야 한다. 하나님의 말씀을 선택의 기준으로 삼아야 한다.

느낌대로 살고 느낌대로 행동하지 말라. 교사는 느낌이 아닌 말씀으로 움직이는 사명자다. 하나님의 말씀을 기준으로 삼는다는 것은, 하나님을 선택의 주체로 모신다는 의미다. 그분을 선택의 주권자로 인정한다는 말이다.

　최종 선택의 기점에서 하나님을 의지하면 그분은 우리의 선택이 바르게 이뤄지도록 인도하실 것이다. 우리의 하늘 아버지는 그런 분이다. 하지 말아야 할 선택을 하도록 내버려두시는 분이 결코 아니다. 꼭 필요한 선택을 하게 하시는 분이다. 말씀을 의지한 선택이 가장 좋은 선택이다!

**미래 교사,
이것만은
알아두기!**

타성에 젖지 않고 지혜로운 선택을 하려면…

- '이전부터 그래왔으니까'라는 이유를 대지 말고 '무엇 때문에 하는가'를 생각하라.
- 잘못된 정보를 근거로 삼고 있는지 살피라.
- 자기중심성과 이기심이 개입되어 있는지 점검하라.
- 객관적인 데이터 분석 없이 자기 직관과 느낌에 의존하지 말라.
- 하나님께 철저하게 주권을 내어드리고 그분의 말씀을 최우선의 기준으로 삼으라.

세상은 애매모호하거나 거짓된 정보로 가득하다. 이런 정보를 근거로 삼을 때 우리는 좌충우돌할 수밖에 없다. 혼돈 속에서 정확한 판단의 근거가 되는 분은 오직 하나님이며 우리는 그분의 말씀을 선택의 기준으로 삼아야 한다.

PART 3

미래 교사의
티칭 포인트

이제라도 교육의 핵심을 '하나님'으로 향해야 한다.
우리가 마땅히 가르칠 것은 사변적 신학도,
성공이나 처세도 아닌 그분 자체여야 한다.

8장
오리진을 가르치라

어릴 적 월요일 아침, 운동장에 모여 조회를 할 때마다 애국가를 목이 터져라 불렀다. "동해물과 백두산이 마르고 닳도록…" 그런데 필자는 한 구절 앞에서 멈칫했다. "하느님이 보우하사 우리나라 만세."

"어, 하나님이 맞아요, 하느님이 맞아요?" 그러자 아버지는 내 질문에 "하느님이 아니라 하나님"이라고 대답해주셨다. 하늘에 있는 님이 아니라 오직 하나님, 삼위일체인 하나님만이 우리를 지키고 보호해주실 수 있다는 말씀이었다. 맞다, '하나님'이 도와주셔야 한다!

훗날 어른이 되어 '하느님'과 '하나님'에 관한 여러 자료를 보게 되었다. 이에 대한 역사적, 정치적, 사회적 측면의 논란들이 많았다. 하지만 사변적인 논쟁을 뒤로하고 우리는 본질적인 측면에서 '그분을 제대로 믿고 있는지'를 성찰해봐야 한다. 교사라면 하나님의 하나님 되심을 정확히 분별하고 가르쳐야 한다.

우리의 가르침을 돌아보자. 핵심보다 주변 것을 중요하게 여기고 있지 않은가? 한때 한국 교회의 교육은 복에 집중했었다. 성경을 처세서나 자기계발서처럼 해석하고 적용하기도 했다. 이제라도 교육의 핵심을 '하나님'으로 향해야 한다. 우리가 마땅히 가르칠 것은 사변적 신학도, 성공이나 처세도 아닌 그분 자체여야 한다.

십자가는 선택의 문제가 아니다

그 멋진 하나님이 우리를 끔찍이도 사랑하신다. 그래서 그분의 아들을 우리에게 보내주셨다. 우리가 수없이 듣고 전해왔던 것처럼 그분의 아들 예수 그리스도는 십자가를 지셨고 그로 인해 우리는 나음을 입었다.

예수님의 죽음과 부활… 이를 믿음으로 받아들이기만 하면 구원을 얻는다! 이것이 복음이다. 우리는 무능하지만 그분을 믿는 믿음이 우리를 능하게 하고 자유롭게 한다.

> 십자가의 도가 멸망하는 자들에게는 미련한 것이요 구원을 받는 우리
> 에게는 하나님의 능력이라(고전 1:18).

십자가는 능력이다. 십자가가 소망이며 우리의 생명이다. 그런데 많은 사람들은 십자가 무용론을 주장한다. 십자가는 심판의 도구일 뿐이기에 무능력하고 무가치하다는 것이다. 성경 말씀처럼 "십자가의 도가 멸망하는 자들에게는 미련한 것"(고전 1:18)이 되어 버린다.

그들이 십자가를 의미 없는 것으로 여기는 이유는 무엇일까? 십자가를 물질적 개념으로만 이해하기 때문이다. 2000년 전 십자가는 본래 용도가 형벌이었다. 하나의 물질로만 보자면 십자가는 무능하고 무의미한 것이다.

그들은 "왜 이런 가치 없는 것을 믿어야 하는 거야? 차라리 나 자신을 믿고 말겠어"라고 말한다. 이는 현대 사회에 들어와 더 가속화되고 지배적인 현상이 되고 있다. 신이 없는 것처럼 살아가는 것이 아니라 내가 곧 신인 시대가 되고 있다.

이와는 반대로 신의 개념을 형상화하려는 시도도 있다. 눈에 보이지 않는 하나님을 대체할 만한, 누구나 인정하고 납득할 수 있는 이미지를 만들어낸다. 손에 쥐거나 만질 수 있는 것들이다.

유학 시절 뉴욕에 있는 세인트 패트릭 대성당(St. Patrick's Cathedral)

에 간 적 있다. 맨해튼 빌딩 숲 사이에 있는 미국 최대의 고딕 양식 성당이다. 실내에 들어서면 벽면에 성인과 교황의 흉상들이 세워져 있다. 그 앞에는 촛불이 켜져 있고 헌금을 넣는 '함'들이 놓여 있다.

그 흉상들 앞에서 기도하며 헌금하라는 것인데 보통 2달러 정도 낸다. 놀라운 것은 그 안에 예수님의 동상도 있다는 것이다. 역시나 2달러였다(그래도 예수님인데…). 굉장한 시스템이다. 사람들이 만든 형상화라는 게 이러하다. 쉽고 편리하다. 논리적이다.

성경에도 똑같은 장면이 나온다. 모세가 십계명을 받기 위해 시내산에 올라갔다. 아론과 백성만이 남겨졌다. 그런데 아무리 기다려도 모세가 나타나지 않는다. 결국 그들은 쉬운 길을 택한다. 눈에 보이지 않는 하나님이 아니라 눈에 보이고 체계화할 수 있는 금송아지를 만든 것이다.

누구나 인정할 수 있고 논리적으로 납득할 수 있는 것! 인간은 그렇다. 보여지고 만져져야 직성이 풀린다. 그러나 우리 하나님은 그렇게 쉬운 분이 아니다. 십자가는 하나의 형태로 접근할 수 없다. 우리가 추구하는 것은 형태 차원의 십자가가 아니라 의미론적인 십자가의 도이기 때문이다.

우리가 주목하는 것은 십자가에 담긴 의미다. 고린도전서 1장 18절은 단지 십자가(the cross)가 아니라 십자가의 도(the message of the cross)를 말한다. 결국 그들과 우리의 차이는 십자가를 바라보는 접근 방식에 있다. 그들은 십자가를 형벌의 도구로만 보지만 우리는 십자가 이면에 있는 그 의미를 바라본다.

모든 현상은 이면이 존재한다. 우리가 좋아하는 랍스터는 니카라과의 카리브해 연안 미스키토 해안에서 많이 잡힌다. 그런데 그곳에는 휠체어나 지팡이를 의지한 채 살아가는 사람들을 쉽게 발견할 수 있다. 그 이유는 랍스터다.

그들은 랍스터를 한 마리라도 더 잡기 위해서 제대로 된 장비도 없이 스쿠버다이빙의 한계 수심인 130피트(약 40미터)를 하루에도 수십 번 잠수를 한다. 그러다 혈관에 공기가 차는 수심병을 얻어 불구가 된다. 지난 20년간 미스키토 지역의 어부 약 800명이 바닷속에서 목숨을 잃었다. 우리가 먹는 랍스터에는 어부들의 이런 비극이 숨어 있었던 것이다.

이면을 봐야 한다. 십자가 형상이 아니라 그 너머에 있는 의미를 볼 수 있어야 한다. 교사는 십자가에 담긴 하나님의 마음을 전달하는 데 집중해야 한다. 우리 죄의 대가를 치르기 위해 십자가 위에서 고통받으며 죽으신 예수님, 그분의 사랑을 가르쳐야 한다.

그리고 아이들이 이 십자가를 부끄러워하지 않고 당당히 붙들며 살 수 있도록 증언해야 한다. 십자가의 고되고 힘든 길을 자랑스럽게 걸을 수 있도록 이끌어야 한다.

한국 교회는 심각한 수준으로 복음을 왜곡해왔다. "말씀대로 하니 부자되더라, 말씀대로 하니 명문대 가더라"는 식으로 구원의 의미를 퇴색시켰다. 우리의 죄를 해결한 십자가의 도, 그 십자가의 도를 믿을 때 우리는 회복되고 다시 일어서게 된다. 부활의 참된 감격과 기쁨을 누리게 된다.

교사가 진정 의지해야 할 것이 무엇이겠는가? 놓치지 말아야 하는 것이 무엇이겠는가? 십자가다. 오직 예수 그리스도의 십자가밖에는 없다.

> 다른 이로써는 구원을 받을 수 없나니 천하 사람 중에 구원을 받을 만한 다른 이름을 우리에게 주신 일이 없음이라 하였더라(행 4:12).

> 그는 실로 우리의 질고를 지고 우리의 슬픔을 당하였거늘 우리는 생각하기를 그는 징벌을 받아 하나님께 맞으며 고난을 당한다 하였노라 그가 찔림은 우리의 허물 때문이요 그가 상함은 우리의 죄악 때문이라 그가 징계를 받으므로 우리는 평화를 누리고 그가 채찍에 맞으므로 우리는 나음을 받았도다 우리는 다 양 같아서 그릇 행하여 각기 제 길로 갔거늘 여호와께서는 우리 모두의 죄악을 그에게 담당시키셨도다 (사 53:4-6).

십자가의 관용

십자가에는 구원 못지않게 이 시대에 필요한 핵심 메시지가 하나 더 있다. 바로 '관용'이다. 초등학생이 재미있는 시를 한 편 썼다.

아빠는 왜?

엄마가 있어서 좋다.
나를 이뻐해 주어서.

냉장고가 있어 좋다.
나에게 먹을 것을 주어서.

강아지가 있어서 좋다.
나랑 놀아 주어서.

아빠는 왜 있는지 모르겠다.

이 시대 아버지의 페이소스가 담긴, 초등학생의 재치 있는 시다. 그런데 나는 한 마디 볼멘소리를 하고 싶다. "내게 소용없는, 그깟 아빠가 있어서 뭐하느냐"고 말하는 건 좀 아니지 않니? 안타깝게도 이 시대를 살아가는 많은 이들에게 이런 식의 의식이 깊숙이 존재하고 있다.

자신을 만족시켜줄 수 있는 것, 자신에게 유익한 것이라면 좋다고 한다. 그것이 관계의 기준이 되어버린다. 자신을 사랑한다고 문제될 것 없지만 자신을 너무 사랑한 나머지 타인에 대한 관용을 잃어버린다면? 성경을 보자.

> 형제들아 너희를 부르심을 보라 육체를 따라 지혜로운 자가 많지 아니하며 능한 자가 많지 아니하며 문벌 좋은 자가 많지 아니하도다(고전 1:26).

하나님 보시기에 인간은 '고만고만'하다. 다들 고만고만하게 약해서 근본적인 해결이 안 된다. 하나님의 도움이 없었다면 도저히 회복될 수 없었던 구제 불능의 존재들이다. 그분의 용납이 우리를 살렸다. 그분에게 용납받은 우리는 과연 다른 이들을 용납하고 있는가?

하나님을 제대로 안다면 우리도 마땅히 용서하고 아이들에게 십자가의 용서를 살아내도록 가르쳐야 한다. 분풀이 갑질, 심화되는 감정노동, 집단 따돌림, 효율과 성과주의… 이런 일들이 자꾸 벌어지는 이유는 하나님의 용서와 용납을 그리스도인들이 세상 속에서 살아내지 못하기 때문이다.

진정한 교사라면 하나님의 무소부재와 전지전능을 깨달아야 한다. 그리고 그 하나님이 우리의 모든 것을 속속들이 알고 계심에도 불구하고 우리를 용서하며 사랑하신다는 사실도 알아야 한다.

우리는 하나님의 무소부재, 전지전능을 닮을 수 없지만 그분의 인자와 사랑, 관용의 성품은 닮아갈 수 있다. 아이들에게 이웃을 용서하고 품고 사랑할 수 있는 삶을 가르치라. 이런 영적 인재들이 세워질 때 미래 사회는 치유되고 변화될 것이다.

미래 교사의 티칭 포인트

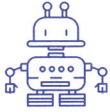

- 십자가를 형상으로만 보는 사람은 두 가지 오류를 범한다. 십자가 자체를 우상화하거나 형틀에 불과하다고 폄하한다. 우리는 십자가 너머의 본질을 가르쳐야 한다.

- 십자가의 은혜를 입은 자로서 타인에게 동일한 용서와 관용을 베풀도록 가르치라.

세상 것이 다 변한다 해도
교사는 변하지 않는 한 가지에 집중해야 한다.
바로 예수 그리스도라는 복음이다.

9장
변하지 않는 것을 가르치라

2008년 미국의 서브프라임 모기지 사태 이후 전 세계는 경제적 공황에 가까운 심각한 침체에 직면했다. 매출은 급락하고 한계기업과 한계가구가 속출했다. 기업들은 구조조정에 들어가고 일부 기업들은 파산했다. 그런데 경제적 겨울 속에서도 성장한 기업이 있었다. 가방을 만드는 H브랜드였다.

유럽에서 유일하게 매출이 10-15% 성장했다. 여러 분석이 있지만 가장 합당한 설명은 이 기업이 가진 유일무이한 브랜드 가치와 희소성, 인지도에 성장 비결이 있다는 것이다. H브랜드는 가방 하나에 2,000만 원을 호가하지만 막강한 브랜드 파워로 성장을 이어가고 있다.

'루이 13세'라는 술이 있다. 17세기 프랑스 왕이었던 루이 13세는 '코냑의 수호자'라고 불릴 만큼 코냑을 좋아했는데 실제로 그는 프랑스 남서부 코냐크 지방에서 만들어지는 술에 코냑이라는 이름을 직접 붙인 사람이었다. 코냑 산업이 발전하자 이 술을 만든 레미마틴 가문은 감사의 표시로 제품 이름을 '루이 13세'로 명명했다.

시간이 흐른 지금도 이 술은 세계에서 가장 비싼 술 가운데 하나로 널리 사랑받고 있다. 한 병에 무려 300만 원이나 한다. 이름만 대도 다 알 만한 세계적인 예술가나 연예인들이 즐긴다. 특히 중국에서는 루이 13세 선물을 가장 큰 존경의 표시로 생각할 정도다.

이 술이 뭐가 그리 대단해서 존경의 상징으로까지 거론되는 것일까? 루이 13세의 글로벌 마케팅을 담당하고 있는 어거스틴 드 파르동(Augustine Depardon) 이사의 말에서 그 답을 찾을 수 있다.

"한국은 빠릅니다. 기술이 날로 발전하고 유행도 수시로 변하죠. 모든 게 최신이어야 직성이 풀립니다. 그래서 늘 바쁘게 살아요. 하지만 세상이 아무리 급변해도 여유를 음미해야 합니다. 수백 년이 지나도 변하지 않는 게 있어요. 똑같은 제조 기법으로 전통의 가치를 지키는 루이 13세입니다. 정신없이 지내는 사업가들이여! 루이 13세를 들여다보면서 혹은 한 잔 하면서 100년의 지혜를 찾으세요."

물론 그의 말대로 이 술을 마셔야 인생이 여유로워지는 것은 아니다. 하지만 그의 말은 충분히 음미해볼 만한 가치가 있다. 세상이 다 변하고 가치관이 바뀌며 기술이 발달하고 문화가 변한다고 해도 변하지 않는 것이 있다.

바로 예수 그리스도다. 예수 그리스도라는 본질은 바뀔 수 없고 바뀌어서도 안 된다. 그런데 우리는 가끔 교수법이나 전통, 관습은 바꾸지 않으려고 하면서 예수 그리스도의 복음은 바꾸는 경우가 있다.

이렇게 상상해보자. 화분의 분갈이를 해본 사람은 알 것이다. 계절이 바뀌거나 나무가 성장하면 화분의 흙을 갈아주어야 한다. 이것을 분갈이라고 한다. 분갈이는 나무의 성장에 꼭 필요하다. 그런데 어떤 사람이 분갈이를 하면서 흙은 그대로 두고 나무를 바꾼다고 생각해보라.

나무를 위해 흙을 가는 것이지, 흙을 위해 나무를 가는 것이 아니다. 마찬가지로 예수님을 전하기 위한 방법은 달라질 수 있어도 예수님이라는 복음 자체가 달라져서는 안 된다. 세상 것이 다 변한다고 해도 우리는 변하지 않는 한 가지에 집중해야 한다.

이런 면에서 교사에게 주어진 사명은 분명하다. 다양한 변수 속에서도 예수 그리스도의 진리를 분별하고 흔들림 없이 가르치는 것이다. 진정한 교사는 부수적인 것에 시선을 분산하지 말고 아이들이 그리스도 안에서 온전하게 살아가도록 가르치는 데 온 역량을 집중해야 한다. 이를 우선순위에 둘 수 있어야 한다.

환산 불가능한 가치가 인재를 세운다

언젠가 간장 가격이 1억 원이라는 뉴스를 보고 깜짝 놀란 적이 있다. 내용은 이랬다. 여주의 윤사분 씨 농가에 60년 된 간장이 있었다. 무게가 약 6kg인 이 간장은 오랜 세월 졸아들어서 75%가 진주 모양을 연상시키는 소금 결정체로 아름답게 굳어지고 나머지 1.5kg 안팎의 간장액은 용암을 뚫고 분출된 마그마처럼 떠 있었다.

그 가치를 모른 윤 씨 아들이 항아리라도 살려볼까 하는 생각에 내용물을 버릴 뻔했지만 우연히 이 소식을 접한 한국농어업예술위원회 측이 감정에 들어갔다. 식품학자, 요리사, 화가 등 심사위원들이 결정체와 소금 굵기, 염분, 빚은 사람(윤 씨의 시어머니)의 생존 시기 등을 종합적으로 분석한 결과 최소 60년 이상 된 간장이라는 결론을 내렸다.

이후 부산 전시회 등을 통해 관람객들의 빠른 입소문을 타고 한국을 대표하는 간장으로 거듭나게 되었다. 그러자 일본에서 식당을 운영하던 교포 여성이 항아리와 간장 전량을 5,000만 원에 사겠다는 러브콜을 보내왔다.

오래된 간장이 있다는 소문이 나면 골동품을 좋아하는 일본인들이 전역에서 몰려와 식당 매상이 늘 것이라는 기대 때문이었다. 이에 위원회 측은 "일본에 팔 땐 제값을 받아야 한다"며 추정 감정가 1억 원을 제시했다.

그뿐 아니다. 전북 익산 서혜숙 씨 농가의 17년 된 된장은 무려 4배 이상의 가격에 거래되었다. 또 술꾼 아들 몰래 숨겨놓은 술이 변한 10년 된 식초, 수라간 궁녀가 만들었다는 95-100년 추정 간장, 비무장 지대에서 발굴한 장기 저장 식품 등 오래된 것, 잊힐 뻔한 옛 맛들이 엄청난 가치로 다시 빛을 보고 있다.

우리도 이제 묵혀진 참맛에 주목할 때가 되었다. 수천 년간 묵혀진 참맛을 찾아야 한다. 교사의 역할이란 본시 참맛이라 할 수 있는 진리를 전하는 것이요, 제자들이 그 참맛을 깨닫고 참된 진리를 품으며 살아가도록 하는 것이다.

그리스도인이라면 그리스도의 참된 깊이와 넓이와 부피를 알아야 한다. 세상은 그 맛을 몰라도 우리는 그 맛을 알아봐야 한다. 그분이야말로 값으로 따질 수 없는 생명의 참맛이다. 60년 된 간장이 1억 원이라면 수천 년간 세상을 살리고 변화시킨 이 맛은 값으로 얼마라 말할 수 있을까? 금전으로 환산하겠다는 발상 자체가 아무 의미 없는 행위다.

진정한 영적 교사라면 싸구려 조미료로 어설프게 맛을 내는 게 아니라 수천 년간 묵혀진, 돈으로 환산할 수 없는 그리스도의 참맛, 살아 있는 풍미를 맛보게 하는 데 모든 역량을 집중해야 한다.

향기로운 예수

장맛 이야기를 한 번 더 해보자. 어느 나라든 고유의 장맛이나 향신료가 있다. 한국 음식은 3대 장인 간장, 고추장, 된장 중 하나가 들어가야 한다. '장'이 들어가지 않으면 음식 맛이 나지 않는다.

베트남 음식도 마찬가지다. 특히 쌀국수에는 반드시 '고수'라고 불리는 향채가 들어간다. 우리에게는 다소 역하게 느껴질 수 있지만 그곳 사람들에게는 없어서는 안 될 재료다.

인도 음식에는 카레라 불리는 향신료가 첨가된다. 생강과 고추의 함량에 따라 순한 맛, 중간 맛, 매운 맛으로 나뉜다. 이것을 적절히 혼합해야 좋은 음식 맛을 낼 수 있다. 그러고 보면 나라마다 특유의 맛과 향이 있다. 향신료 혹은 양념은 미량으로 쓰이지만 맛과 향을 선사해 윤기와 풍미를 더해준다.

양념을 뜻하는 영단어 'spice'에는 '지루한 인생의 나날에 생기를 더한다'는 의미가 있고 그 어원인 라틴어 'species aromatacea'에는 '지구의 열매'(fruits of the earth)라는 근사한 뜻이 있다. 보통 향신료라고 하면 음식에 쓰이는 단순한 재료 정도로 생각하지만 고대에는 음식에 쓰이는 경우가 드물었다.

향신료는 대부분 신전에서 신과 가까이하기 위해 향을 피우는 데 쓰였다. 또한 시체를 보존하기 위한 향유로, 몸에 난 상처에 바르는 연고로, 이성을 유혹하는 향수로, 아름다움을 가꾸는 화장품으로, 각종 독을 해독하는 약으로, 심지어 사랑하는 이의 마음을 사로잡는 사랑의 묘약으로도 쓰였다.

그러다 A.D. 1세기 로마 시대에 이르러서야 음식에 쓰이는 양념으로 폭넓게 사용되기 시작했다. 신선한 음식이 귀하던 중세 유럽 시대에는 조미의 역할과 더불어 음식의 부패를 막고 상한 음식을 먹어도 탈이 나지 않게 하는 데 사용되었다. 무엇보다 중요한 사실은 상한 음식의 역한 냄새를 피하기 위해 사용되었다는 점이다.

앞에서 언급한 카레도 인도의 가난한 사람들이 상한 음식을 먹기 위해 냄새를 가리거나 먹어도 탈이 나지 않게 하는 데 쓰였다. 카레의 재료들을 보면 대개 한방약이거나 장을 소독하는 성분인데 이는 어쩌면 당연한 일인지 모른다. 향신료는 단순히 우리의 혀를 즐겁게 해주는 역할만 하는 것이 아니다.

사람들은 이 향기 나는 물건을 구하기 위해 목숨을 걸고 사막이나 바다를 건넜다. 당시 젊은이들은 열대 지역의 향신료를 구하기 위해 신항로를 개척했고 이는 신대륙 발견으로 이어졌다. 이 과정에서 동방과 서방이 문물을 서로 교류하면서 역사는 빠른 변화의 물결을 타게 된다.

필자는 향신료를 생각하며 복음을 떠올린다. 향신료처럼 복음의 맛을 나게 하는 존재는 예수 그리스도여야만 한다. 이것이 우리가 추구하는 변하지 않는 복음이다. 우리의 사역을 더 풍성하게 하는 이도 예수 그리스도여야 한다. 그래서 우리의 가르침에 절대 빠져서는 안 되는 것이 바로 그리스도라는 향기다.

그런데 오늘날에는 예수 말고 다른 것으로 향기를 만드는 일들이 생겨나고 있다. 교사라면 영적 인재들에게 이 복음의 향기 '예수 그리스도'를 각인시켜야 한다. 하나님과 가까이하려면 그리스도가 아니고서는 절대 불가능하다. 부패한 것들을 새롭게 하는 능력은 그리스도의 향기 외에 없다.

부패한 음식을 먹기 위해 카레라는 강력한 향신료를 사용했듯이 썩어서 쓸모없을 것 같은 인생들을 다시금 쓰임받는 인생으로 회복시키는 것은 바로 그리스도라는 보화인 것이다. 세상을 돌아보라. 아무리 아름답고 좋아 보여도 그것은 허상이다. 그곳에는 진정한 아름다움이 없다.

그리스도만이 우리를 아름답게 만드실 수 있다. 그리스도의 향기만이 우리를 독성 가득한 세상에서 구할 수 있다. 인공적인 조미료 같은 것으로 복음을 포장하려 한다면 절대 영적 인재, 미래를 책임지는 위대한 인재를 세울 수 없다. 모든 수고가 헛될 뿐이다.

예수 그리스도 외의 것으로 조미하고 싶다는 유혹을 뿌리치고 본질에 집중하길 바란다. 본질만 붙들어도 충분하다. 주변적인 것들에 예수 그리스도를 갖다 붙이는 종교인의 방식은 이제 끝내야 한다. 이는 실로 위험천만한 일이다.

면허 없이 의료 행위를 하는 것과 같다. 면허 없이 의료 행위를 하는 것이 육체적 살인 행위라면 예수 없는 사역, 예수 빠진 가르침은 영적인 살인 행위가 될 것이다. 진정한 교사는 본질을 확실히 붙들 수 있어야 한다.

**미래 교사의
티칭 포인트**

- 복음에 불순물을 첨가하지 말라. 오직 예수 그리스도로만 복음의 맛을 내야 한다.
- 예수가 빠진 가르침, 예수가 빠진 사역, 예수가 빠진 복음은 안 된다.

고난 속에서도 하나님 앞에 엎드리는 삶을 가르치라.
고난의 해결 여부와 상관없이 믿음을 지켜내며
이를 성숙의 계기로 삼는 신앙인으로 세워가라.

10장
고난을 가르치라

100세 시대다. 100세 시대는 세상의 많은 것들을 변화시킨다. 은퇴 준비가 안 된 중년은 은퇴 이후에도 은퇴할 수 없다. 종신 고용이 없는 이 시대에는 10-15번의 직업 변화를 겪을 수도 있다. 오래 산다는 것은 즐거움도 많겠지만 고난도 더 증가한다는 것을 의미한다.

하지만 오늘날 사람들은 이 고난을 애써 외면하려는 것 같다. 피한다고 피할 수 없는 것이 고난인데도 말이다. 고난은 소리 소문 없이 나타났다 사라진다. 어떤 때는 이제 끝이겠거니 생각할 때 다시 시작된다. 고난은 몰려다니기도 한다. 손봉호 교수는 "재앙은 짝을 지어서 달려든다. 홍수가 나면 전염병이 돌고 가뭄이 오면 기근이 있다"고 했다. 정말일까?

오래전 〈병마와 싸우는 세 자매 이야기〉라는 가슴 아픈 사연을 접한 적이 있다. 세 자매가 모두 감당하기 힘든 병에 걸리게 되었다. 첫째 딸은 태어난 지 한 달 만에 병원에서 두개골 유합증이라는 진단을 받았다. 좌뇌와 우뇌가 붙어 있는 병이다. 뇌의 기능을 100% 발휘하지 못하기 때문에 말도 어눌하고 행동도 어눌하다.

4년 뒤에 태어난 쌍둥이에게도 고난이 찾아왔다. 백일쯤 지났을 때 둘째 아이의 온 몸이 붓기 시작했다. 검사 결과 만성 심부전증이었다. 게다가 합병증까지 있어서 콧구멍에 튜브를 삽입해 물을 빼내야 한다. 고난은 여기서 끝나지 않았다.

얼마 지나지 않아 막내 역시 만성 심부전증으로 판명되어 입원 치료를 시작하게 되었다. 밤을 낮 삼아 아무리 열심히 일해도 아버지가 계약직이라서 수입이 100만 원밖에 안 되는 가정인데 참으로 감당하기 힘든 고난이 아닐 수 없다.

성경도 인생에 고난이 얼마나 많은지, 이 고난이 어떻게 한꺼번에 찾아오는지 정확히 보여준다. 성경 속 고난의 대명사는 욥이다. 욥의 인생은 참으로 기구했다. 동서고금을 막론하고 욥과 같은 고난을 받은 사람도 없을 듯 싶다.

욥의 시련은 시간이 지날수록 그 강도가 높아졌다. 첫 번째 시련은 갑자기 스바 사람들이 나타나서 그의 종들을 칼로 죽인 것이다.

> 스바 사람이 갑자기 이르러 그것들을 빼앗고 칼로 종들을 죽였나이다 나만 홀로 피하였으므로 주인께 아뢰러 왔나이다(욥 1:15).

두 번째 시련은 하늘에서 불이 내려와 양과 종을 살라 죽인 일이다.

> 그가 아직 말하는 동안에 또 한 사람이 와서 아뢰되 하나님의 불이 하늘에서 떨어져서 양과 종들을 살라 버렸나이다 나만 홀로 피하였으므로 주인께 아뢰러 왔나이다(욥 1:16).

숨 돌릴 틈도 없이 세 번째 시련이 닥친다. 갈대아 사람이 세 떼를 지어 갑자기 나타나 약대를 빼앗고 종들을 죽인다.

> 그가 아직 말하는 동안에 또 한 사람이 와서 아뢰되 갈대아 사람이 세 무리를 지어 갑자기 낙타에게 달려들어 그것을 빼앗으며 칼로 종들을 죽였나이다 나만 홀로 피하였으므로 주인께 아뢰러 왔나이다(욥 1:17).

이쯤 되도 기가 막힐 노릇인데 설상가상 네 번째 시련이 발생한다. 집이 무너져 내려 그의 자녀들이 모두 죽은 것이다.

거친 들에서 큰 바람이 와서 집 네 모퉁이를 치매 그 청년들 위에 무너지므로 그들이 죽었나이다 나만 홀로 피하였으므로 주인께 아뢰러 왔나이다 한지라(욥 1:19).

마지막에는 그 자신마저 고통스러운 병에 걸린다.

사탄이 이에 여호와 앞에서 물러가서 욥을 쳐서 그의 발바닥에서 정수리까지 종기가 나게 한지라 욥이 재 가운데 앉아서 질그릇 조각을 가져다가 몸을 긁고 있더니(욥 2:7-8).

비록 병마와 싸우는 세 자매와 욥만큼은 아니더라도 오늘날 고난을 당하는 사람들은 수없이 많다. 100세 시대라면 고난도 더 증가할 것이다. 대학에 한 번 떨어지는 것도 모자라 삼수, 사수를 한다. 힘들게 편입을 준비하지만 말처럼 쉽지 않다.

힘들게 취업을 했지만 비정규직의 설움을 무엇으로 표현하겠는가. 아예 일할 곳이 없어 학교로 발걸음을 돌리는 사람들이 부지기수다. 청년 실업은 매년 사상 최대치를 경신하고 있다. 자녀를 정성으로 키웠지만 부모를 외면한다. 오죽하면 국회에서 불효자 방지법이 발의되었을까. 고난은 우리 주위를 항상 맴돈다.

그럼에도 우리는 고난에 관해 모른 체한다. 굳이 알려고 하지 않는다. 특히 요즘처럼 고통 없이, 고난 없이 자란 세대들에게 고난이란 다른 세상 이야기일 뿐이다. 교회 역시 들려주는 이야기라곤 오직 희망과 소망뿐이다. "소년이여, 야망을 품으라. 꿈과 비전을 품으라."

당연히 조국과 민족의 미래를 품게 해야 한다. 예수를 따르는 미래의 영적 인재라면 세계의 주역이 되게 가르쳐야 한다. 그러나 고난의 참된 의미를 가르치지 않는다면 그들은 결코 미래의 인재가 될 수 없다. 고난의 시대에 소망을 품고 살아야 하는 것은 맞지만 고난을 외면하는 것은 성경의 방식이 아니다.

쉽게 하면 쉽게 망한다

고난은 숙명이다. 숙명인 고난에 우리는 어떻게 대처해야 할까? 일단 고난은 거추장스러운 장신구가 아님을 알아야 한다. 인생을 허비하게 하는 장애물도 아니다. 고난은 어떤 측면에서 하나님이 우리에게 주시는 선물이다. F. B. 마이어는 『고난의 선물』에서 다음과 같이 말했다.

> 고난과 슬픔 가운데 있을 때 하나님은 우리를 다루시고, 순종의 미덕을 배우게 하시며, 문을 열어서 어두움 가운데 빛나는 진리의 보석들과

약속의 별들과 소망의 무지개와 은빛 언약을 보이신다. 순수한 연민과 순종, 인내, 신뢰와 소망과 같은 미덕이 없이 어떻게 보이지 않는 것을 닻처럼 붙잡을 수 있단 말인가. 그러나 이러한 미덕은 슬픔을 통해서만이 받을 수 있는 은혜다.

우리가 잘 알고 있는 예화 중에 나비의 탄생에 관련된 것이 있다. 한 아이가 애벌레가 나비가 되기 위해 마지막 사투를 벌이는 모습을 지켜보고 있었다. 그런데 그 고통이 이만저만이 아니었다. 너무 안타깝고 불쌍했다. 그래서 마침내 도와주기로 결정했다. 나비가 되어 나올 입구를 조금 넓게 벌려준 것이다.

당연히 그 나비는 다른 곤충들보다 조금 쉽게 밖으로 나올 수 있었다. 그런데 웬일인가! 나비는 창공을 향해 훨훨 날지 못했다. 사실 나비는 고치 밖으로 힘겹게 나오는 과정을 통해 날개의 힘이 길러진다. 하지만 쉽게 나왔기에 그만큼 날개에 힘이 없어 제대로 날 수 없게 된 것이다.

나비의 이야기가 보여주듯 고난 없는 인생이 편하고 안락한 삶의 조건은 아니다. 고난이 없다고 축복받은 인생이 되는 것도 아니다. 도리어 고난을 모른다면 미래에 쓰임받는 인재로 성장할 수 없다. 고난 없는 것이 삶의 진정한 위기일 수도 있다. 광야 이전과 이후의 모세가 이를 증명한다.

그러므로 고난은 하나님의 은밀한 축복이며 은혜라는 것을 깨달아야 한다. 진정한 교사는 아이들이 고난을 직면하고 고난 가운데 성장하도록 지도해야 한다. 고난의 과정이 포기의 순간이 아니라 성장의 순간이 되도록 안내하길 바란다. 그 과정은 하나님의 은혜임이 분명하다.

고난이 주는 세 가지 의미

이제 고난이 주는 가장 기본적인 세 가지 의미를 살펴보려고 한다.

첫째, 고난은 우리로 하여금 진정한 관계에 대해 깨닫게 한다. 평안하고 행복할 때는 세상 모든 것이 아름답고 정겹다. 모두 사랑스럽고 모두에게 감사하다. 그러나 극심한 고난의 위기를 겪게 되면 모든 상황이 달라진다. 가장 먼저 달라지는 것은 관계다.

사업에 실패했을 때 누가 다가와 당신을 도와주던가? 대학 진학에 실패했을 때 위로해준 사람은 누구였는가? 어처구니없는 오해의 덫에 빠졌을 때 누가 다가와 믿음을 보여주던가? 이런 면에서 고난을 재해석해보자. 지금 인생의 험로를 걷고 있는가? 한나처럼 매일 울부짖는 기도를 하며 성전 구석에 앉아 있는가?

당신 삶의 주위를 보라. 누가 곁에 남아 있는가? 누가 위로해주는가? 고난은 인간의 진심을 밝히는 등불과 같다. 흔히 '취중진담'(醉中眞談)이라고 말한다. 술기운을 빌어 속마음을 털어놓는다는 뜻이다. 그러나 이보다는 '고난진담'(苦難眞談)이 더 적절한 표현인 것 같다. 고난을 통해 나와 이웃의 속마음을 알 수 있기 때문이다.

고난은 내게 참으로 소중한 사람이 누구인지 돌아보는 시간이 되기도 하고, 고난을 당하는 타인에게 내가 어떤 존재였는지 깨닫는 계기가 되기도 한다. 이웃이 어려움에 처해 있을 때 과연 내가 그에게 어떤 도움을 줄 수 있는지 스스로 생각해볼 수 있는 계기가 된다. 그러므로 고난은 저주가 아니라 하나님의 놀라운 축복이다. 고난을 통해 관계를 회복하게 되는 은혜가 있을 것이다.

둘째, 고난은 돌파의 능력이 된다. 인생은 돌파해야 할 난관이 지천이다. 대학에 진학하는 새내기들은 대학 생활에 큰 동경을 가진다. 처음 직장에 취직한 사람들도 성공에 관한 포부를 갖는다. 난생 처음 유학길에 오를 때도 기대와 설렘의 단꿈을 꾼다.

그러나 현실은 냉혹하다. 현실 앞에 서면 꿈은 허물어지고 삶은 난관에 부딪친다. 고난과 실패가 따라다닌다. 고난과 실패라는 난관은 피할 수 있는 것이 아니다. 그런데 우리는 고난이 있음을 알고도 이렇게 기도한다.

"하나님, 너무 힘들어요. 사업이 어려워요. 고난이 오지 않도록 도와주세요. 고난을 왜 주십니까? 피해 가게 해주세요." 그러나 기도와 무관하게 여전히 삶에는 크고 작은 어려움이 생긴다. 아무리 기도해도 고난을 피해 갈 수는 없다. 피해지지 않는다.

신학대학원에 다닐 때 동기들과 같이 찬양 사역을 한 적이 있다. 우리는 교내의 각종 예배 때마다 찬양팀으로 섬겼다. 그 멤버 중에 평생 잊지 못할 한 사람이 있다. 드럼을 맡았던 형이었다. 나와 학번은 같았지만 나이가 많았기에 나는 항상 그를 형이라 불렀다.

그날은 학교에서 개강 수련회가 있던 날이었다. 어느 신학교든지 학기 초에는 헌신과 결단의 마음을 다지기 위해 일주일 간 집회를 연다. 큰 은혜를 입고 도전도 받고 성령 충만함으로 학기를 시작하기 위함이다. 우리는 늘 그렇듯 찬양팀으로 개강 예배를 섬겼다.

그런데 무슨 일인지 그가 오지 않았다. 알아보니 몸이 좋지 않아서 병원에 갔다고 했다. 처음에는 그리 대수롭게 여기지 않았다. 평소 적극적이고 힘이 넘치던 그였기에 가벼운 감기 정도라고 생각한 것이다. 그는 집회를 마친 후에야 돌아왔다. 나는 내심 궁금해서 물어봤다.

"형, 병원 다녀왔다며? 무슨 일인데?"
"어, 요즘 팔에 힘이 없어서 검사를 받았는데 루게릭병이래."

나는 루게릭병에 관한 사전 지식이 전무했기 때문에 그의 대답에 아무 생각이 없었다. 더군다나 그가 평온한 표정으로 웃으며 말했기에 별것 아니려니 했다. 그 후 루게릭병에 관해 알아봤고 비로소 지독히 무서운 병임을 알았다.

이 병의 실체를 눈으로 확인하게 된 것은 다음 해 개강 수련회 준비 모임 때였다. 그는 더 이상 드럼 스틱을 잡지 못했다. 손에 힘이 없어 스틱조차 쥘 수 없었다. 시간이 좀 더 흐르자 아예 오른팔에 깁스를 하고 나타났다.

설상가상이라고 해야 하나. 그는 가정 형편이 너무 어려워 그 몸으로 학교 식당에서 아르바이트를 해야 했다. 불치병을 지닌 채 아내와 딸을 먹여 살린다는 건 너무 가혹한 현실이었다. 그는 그렇게 힘들게 졸업을 하고 학교를 떠나갔다. 졸업 후, 그의 소식이 너무 궁금해서 전화를 한 적이 있다.

"형, 좀 어때?"

"어, 그냥… 살 만해…. 요즘은 다리가 말을 안 들어서… 거의 누워 있어."

나는 그 이상 위로할 말이 없었다.

"형, 나 기도하고 있어. 믿는 자에게는 능치 못함이 없다고 하셨잖아. 분명히 치료해주실 거야."

"그래, 고맙다. 기도 부탁해. 나도 지금 어머니하고… 기도원에 와 있어."

전화 통화만으로도 이제는 걷는 것뿐 아니라 말하는 것조차 힘겨워하는 게 보였다. 결국 얼마 지나지 않아 그는 예수님 곁으로 갔다. 장례식에 다녀오면서 남겨진 그의 가족이 걱정되었다. 나는 속으로 '하나님, 당신의 계획은 무엇입니까? 하나님의 뜻은 무엇입니까?'라고 기도했다. 그러자 하나님이 이렇게 말씀하시는 듯했다. "고난은 피해갈 수 없는 거란다. 돌아갈 수도 없는 거란다."

오늘날 우리 기도의 많은 부분은 고난 제거에 치우쳐 있다. 나 또한 그랬다. 지뢰를 제거하듯 고난을 제거하려고 든다. 그러나 고난은 지뢰처럼 제거되지 않는다. 피할 수 없는 숙명이다. 인생의 바다에는 크고 작은 어려움이 파도처럼 밀려온다.

그렇다면 우리는 고난을 어떻게 받아들여야 할까? 극단적인 일부 경우를 제외하고, 하나님이 주시는 고난은 극복해야 하는 숙제다. 숙제라면 풀어내야 하고 풀어낸 답은 같은 문제가 출제될 때마다 적용되어야 한다. 좀 더 적극적인 경우라면 고난을 통해 인생의 한계를 돌파해낼 수도 있다.

이 지점에서 여전한 질문은 이것이다. "우리는 이런 고난을 가르치며 돌파하도록 훈련하고 있을까?, 그리스도인들은 겸허히 고난을 받아들이고 믿음으로 승부하려고 하는가?"

필자는 중2 때부터 기타를 잡았다. 가장 연습하기 싫을 때는 손에 물집이 잡히는 때다. 그래도 계속 치다보면 물집이 굳어져서 손끝에 군살이 박힌다. 그러면 기타 치는 것이 훨씬 수월해진다. 그런데 한 번의 고비가 더 있다. '초킹'(bending)이라는 기술을 배울 때다. 초킹을 배우면 손끝에 피가 맺히게 된다. 생살이 벌어지면서 피가 난다. 너무 아프고 괴롭다. 심지어 손톱이 짧아지는 경우도 있다.

그런데 그 고통의 시기를 넘기면 초킹이 익숙해진다. 그렇게 초킹을 마스터하게 되면 실력의 엄청난 도약을 경험하게 된다. 음폭을 넓게 사용할 수 있을뿐더러 굉장히 어려운 기술도 구사할 수 있다. 물집이 잡히든 피가 맺히든 기타를 잘 치려면 넘어서야 하는 부분이다. 이것이 돌파다. 손의 고통은 잠시지만 돌파하면 능력이 된다.

하나님이 우리에게 고난을 주시는 이유는 고난을 묵상하라는 것이 아니라 돌파해서 내 것으로 만들라는 것이다. 인재는 고난 앞에 주저앉지 않는다. 인재는 고난을 돌파한다. 교사의 사명은 고난을 돌파하는 인재를 세우는 데 있다. 인재는 고난을 견디고 이겨내라는 하나님의 신호로 받아들인다.

물론 이런 신호는 스스로 터득하기가 쉽지 않다. 한계가 존재한다. 그래서 스승의 역할이 중요한 것이다. 진정한 교사는 미래의 영적 인재가 고난을 이겨내고 돌파할 수 있도록 돕는 역할을 해야 한다. 그래야 그들의 삶에 새로운 세계가 열린다. 이제까지 맛보지 못한 신비의 세계가 시작된다. 주님은 그리스도인들이 그 길을 걷기 원하신다. 이 세상에서는 체험할 수 없는 신비의 은혜 속에 거하길 원하신다. 그래서 고난이 때로는 '의미 있다'고 하는 것이다.

셋째, 고난을 통해 깊이 있는 신앙을 얻게 된다. "아픈 만큼 성숙해진다"는 말이 있다. 아픔을 통해 세상을 바라보는 시각과 인생을 느끼는 감동이 달라진다. 각자 삶을 돌아보라. 언제 신앙의 깊이가 깊어졌는가? 대부분 고난 가운데 있을 때였다.

언제 기도의 깊이가 깊어졌는가? 힘든 문제가 있을 때였다. 부모님이 암에 걸렸을 때, 자녀가 재수할 때, 직장에서 해고당했을 때, 앞날을 기약할 수 없는 임시직으로 일할 때 기도의 깊이, 신앙의 깊이, 믿음의 깊이가 깊어진다.

물론 이런 어려움을 응답의 조건으로 보고 무조건적인 축복 방정식으로만 풀려고 한다면 문제가 되겠지만 고난은 우리로 하여금 기도하게 하고 주님을 의지하게 만든다. 고난 앞에 기도하지 않고는, 주님을 의지하지 않고는 답이 없기 때문이다.

이 땅에서 도저히 내 힘으로 살 수 없을 때 우리는 그제야 하늘을 바라보면서 '아! 하늘이 열려 있었지'라는 깨달음을 얻는다. 한나의 기도 속에서 그러한 체험을 발견한다. 자녀가 없는 설움, 남편이 돌봐주지 않는 설움, 여자로서 역할을 하지 못했다는 자책감… 한나는 기도할 수밖에 없었다. 엎드려 울 수밖에 없었고 기도의 사투를 벌일 수밖에 없었다.

한나는 술에 취했다는 오해를 받을 정도로 깊이 있는 기도의 우물을 팠다. 결국 하나님은 그녀의 기도를 들으셨다. 여기서 번영신앙의 함정으로 빠지지 않기를 바란다. 하나님이 고치시면 회복되는 것이고 고치시지 않더라도 그만한 의미가 있다는 것을 알기 바란다.

영적 스승이라면 고난 앞에서 하나님 앞에 엎드리는 그런 삶을 살도록 가르쳐야 한다. 지금의 삶 가운데 고난이 있다면 감사하자. 기뻐하자. 고난을 통해 나를 성숙하게 하시며 깊이 있게 하시려는 하나님의 마음을 깨닫자.

우리는 왜 고난을 가르쳐야 하는가? 고난에 분명한 유익이 있기 때문이다. 이 말이 고난 한가운데 있는 이들에게는 가혹하게 들릴 수도 있을 것이다. 충분히 이해한다. 고난은 폄하할 수도 없고, 쉽게 이해할 수 없는 무게가 있다. 그럼에도 고난이 주는 유익과 은혜가 반드시 있기에 조심스럽지만 단호하게 고난의 의미를 되새겨봤다.

진정한 영적 교사는 고난의 무게를 공감해주되 그 의미와 가치, 가능성을 가르쳐야 한다. 그리고 고난의 해결 여부와 상관없이 믿음을 지키며 살아내는 성숙한 신앙인으로 아이들을 세워가야 할 것이다.

**미래 교사의
티칭 포인트**

- 비전과 소망을 심는 것 못지않게 중요한 것이 '고난'을 가르치는 것이다.
- 고난의 불가피성, 의미와 가치를 가르치라.
- 고난은 관계의 진정성을 밝혀준다. 고난 중에 마지막까지 남는 친구가 누구인지를 알게 해준다.
- 고난은 도약을 위한 필수 과정이다.
- 고난은 세상과 인생을 보는 관점을 성숙하게 한다.

쉽게 포기하는 자는 값진 열매를 볼 수 없다.
도전 정신과 근성, 인내를 가르치라.
시대를 역행할 수 있는 믿음을 심어주라.

11장
열정과 도전을 가르치라

현대인들은 내면과 외면이 상반된 삶을 살아간다. 겉으로는 소심하고 의욕이 없어 보이지만 실상 내면에는 새로운 것에 대한 탐구와 도전 욕구로 가득 차 있다.

이 욕구가 커지면 누구나 스트레스를 받게 되고 이 스트레스를 풀기 위해 욕구 분출을 시도하게 된다. 여러 분출 통로 중 쉽게 접근할 수 있는 영역이 온라인이다.

인터넷의 오용과 남용은 사회 이슈거리도 되지 못한 지 오래다. 젊은이들의 온갖 재밋거리, 흥밋거리는 사이버 세상에 다 있다. 그래서 많은 교회들이 고난주간을 기해 인터넷 금식을 하자는 캠페인을 벌인다. 곡기를 끊는 것만이 금식이 아니라 즐거움과 직접적으로 관련된 인터넷에 한 주 동안 접속하지 않는 것도 넓은 의미의 금식이라는 것이다. 주님의 고난을 생각하면서 한 주간만이라도 인생의 큰 재미 중 한 가지를 버리자는 제안이다.

사이버 세상에서 눈여겨볼 것이 있다면 익명성의 마력이다. 익명이면 자신과 타인을 속이기가 편하다. 현대인은 익명성을 무기로 타인의 약점을 공격한다. 익명성을 무기로 성적인 쾌락을 즐기고 익명성을 무기로 불법 거래를 한다.

어떤 사람들은 "이런 이야기를 하도 많이 들어서 놀랍지도 않다"는 반응을 보일 수 있다. 그들에게는 한없이 싱겁게 느껴질 것이다. 그러나 대수롭잖게 여겨서는 안 된다. 사이버 세상의 문제는 아직 시작되지도 않았다.

보다 광범위하고 촘촘하게 세상의 모든 것이 연결되는 초연결 사회가 시작되면 그동안 발생해왔던 문제들은 더 큰 파괴력으로 우리 사회에 영향을 미칠 것이다. 우리의 가정과 학교와 사회는 더욱 심각한 윤리 전쟁, 도덕 전쟁, 문화 전쟁을 겪기 시작할 것이다. 익명성의 틀 안에서 자신의 탈선을 놀이 정도로 생각하는 도덕 불감증은 더욱 심화될 것이다.

몇 년 전, 신문에서 착잡한 기사 하나를 읽은 적이 있다. 내용은 이렇다. 한 어머니에게 고민이 있었다. 아들이 게임에 중독된 것이다. 3년 동안이나 타일러보고 혼내기도 했지만 소용없었다. 아들은 어머니의 말을 듣지 않고 사이버 세상 재미에 푹 빠져 지냈다. 욕구 불만의 탈출구로 게임을 선택했던 것이다.

결국 어머니는 아들에게 "내가 죽어야 네가 게임을 그만두겠니?"라는 말을 한 후 자살을 했다. 왜 이런 일이 벌어졌을까? 내면의 욕구가 잘못 분출된 탓이다. 아들의 잘못된 내면 분출이 중독을 만들었고 중독이 결국에는 어머니를 죽이고 말았다.

한국 사회는 진학, 취업, 결혼, 육아, 은퇴 등 다양한 욕구 불충족 상태에 있다. '인 서울'(in Seoul) 하기 위해 엄청난 사교육을 받지만 원하는 대학에 진입하기 힘든 구조이고, 좋은 대학에 진학해도 취업 전선을 넘는 것이 만만치 않은 사회가 되었다. 학자금 대출로 이미 빚을 짊어진 채 직장 생활을 시작하며 취업하고 나서도 고용 불안에서 벗어나지 못한다. 미래는 여전히 막막하다.

지난 반세기 동안 성장에 집중해왔다면 이제 우리는 성숙에 주목하면서 내재된 문제 해결에 역량을 집중해야 한다. 현대 그리스도인들이 내면의 욕구를 건강한 방식으로 분출할 수 있게 해야 한다. 또한 깊숙이 묻혀 있는 잠재된 에너지들을 선한 방향으로 흘려보내도록 도와야 한다.

거룩하게 흘려보냄

누구든 무언가 배우게 되면 써먹고 싶어진다. 가령 운전면허를 취득했다면 제일 먼저 하고 싶은 것이 무엇일까? 당연히 운전이다. 미숙하지만 자동차를 몰고 싶다. 기능적인 면만 그런 것은 아니다. 평소 보고 싶었던 책을 읽었다고 하자. 그 속에서 생각지 못한 새로운 아이디어와 통찰을 얻었다. 어떻게 하고 싶을까?

처음에는 깊이 생각할 것이다. '책에서 얻은 교훈이 나와 무슨 관계가 있는가? 내 삶 가운데 어떤 변화를 가져다줄 것인가?'를 묵상한다. 그 후에는 행동으로 옮겨 삶의 변화를 꾀하고 싶어 한다. 새롭게 깨달은 사실에 반응하는 것이다. 그리고 다른 사람에게도 전해주고 싶다. 이것이 인간의 자연스러운 본성이다.

요약하자면 인간은 자신이 가지고 있는 지식이나 경험을 흘려보내고자 하는 욕구가 있다. 그런데 한국 교회는 어떠한가? 얻은 지식과 깨달음은 많아졌는데 흘려보내는 일에는 소홀했다. 받은 것과 보내는 것은 비례 곡선을 그려야 한다. 반드시 비례는 아니더라도 받은 것은 넘치는 만큼 쓰고 싶어져야 한다.

그렇게 흘려보낼 수 있는 통로를 제공할 때 교회는 교회다워지고 인재는 인재다워진다. 제2의 재창출 사역이 시작된다. 흘려보내는 사역을 효과적으로 수행했던 가장 건강한 교회는 초대 교회였다. 초대 교회가 태동한 것은 예수님이 승천하신 이후다. 마가의 다락방에 모인 150명의 제자들은 약속된 성령을 기다리며 기도했다. 시간이 지나자 성령이 강하게 역사하시기 시작했다. 불의 혀 같이 급하고 강한 역사였다.

그 후 제자들은 완전히 새로운 사람으로 변한다. 가슴이 뜨거워지고 새로운 열정이 솟아났다. 성령 충만을 받은 제자들은 뛰쳐나가 전하기 시작했다. 자신들이 만난 예수를 전하지 않고는 견딜 수 없었던 것이다. 복음을 전하는 사역은 이처럼 불 같이 일어났다. 성경은 베드로가 복음을 전할 때 5,000명이 회심했다고 전한다.

말씀을 들은 사람 중에 믿는 자가 많으니 남자의 수가 약 오천이나 되었더라(행 4:4).

전도만이 흘려보내는 것이라고 말하는 것이 아니다. 제자들은 전도를 통해 흘려보냈지만 전도 외에 다른 영역도 있다. 거룩한 인재라면 하나님께 받은 은사를 흘려보내야 한다. 배우고 깨달으면 분출하게 되어 있다.

안타깝게도 대부분의 교회들이 제대로 흘려보내지 않는다. 교사들 역시 건강한 분출의 가이드 역할을 해내지 못하고 있다. 성공주의에 젖어 "네가 성공해야 하나님이 영광받으신다"는 해괴한 교훈에나 매달리고 있다.

이런 현상이 빚어낸 괴물이 바로 간증 퍼포먼스다. 사회적 물의를 일으킨 공인이나 유명인들이 교회에서 이러저러한 간증을 했다는 보도를 접할 때마다 씁쓸할 때가 적잖다. 간증을 가만히 들어보면 "여러분도 잘하면 이런 인생 살 수 있습니다"라는 메시지가 들어 있는 것 같다.

간증 무용론을 제기하는 것이 아니다. 간증은 필요하다. 하지만 소위 성공을 했다는 사람들의 공개 간증은 멈출 때가 되었다는 말이다. 하나님은 영웅을 바라지 않으신다. 단지 신자의 삶을 바라실 뿐이다. 우리의 소소한 삶에서 생생하게 역사하시는 하나님을 우리가 직접 입으로, 행함으로 드러내기를 바라실 뿐이다.

평범한 일상에서 교회를 세우고, 이웃을 섬기며, 복음을 전하는 거룩한 분출을 가이드하는 것이 교사의 역할이다. 교사는 하나님 영광을 위한다는 명목으로 성공의 삶을 포장하는 자리가 아니다. 절대 다수의 평범한 그리스도인들이 각자의 자리에서 다양한 색깔로 거룩함을 흘려보낼 수 있도록 돕는 자리다.

열정은 이벤트가 아니다

사람들은 성공하기 위해 열정이 필요하다고 말한다. 열정은 무엇일까? 많은 사람들은 열정이라는 단어에서 뜨거움을 연상하곤 한다. 치열하고 전투적인 에너지 정도로 생각하는 경향이 있다. 실제로 사전을 찾아보면 '열심, 격노, 흥분'이라는 동의어가 나오기는 한다.

그런데 '열정'(enthusiasm)이라는 단어는 그리스어로 '내 안에 계신 하나님'이라는 뜻도 있다. 즉 열정이 있다는 것은 하나님과 함께하는 태도, 삶을 말한다. 열정은 단순히 뜨겁기만 한 것이 아니라 하나님과 함께할 때 나타나는 은혜인 것이다.

우리 사회는 열정을 끌어올린다는 명목으로 '보여주기식' 이벤트에 열을 올려왔다. "무엇을 위해 일해야 하고, 내가 하고 있는 일이 과연 가치 창출과 사회 공헌으로 이어질 수 있을까?"라는 물음은 고민의 대상이 아니었다. 나라를 병들게 했던 열정 이벤트화는 교회도 예외가 아니다.

한 예가 전도 이벤트 열풍이다. 성장을 위해서라면 어떠한 일이든 상관없다는 논리가 여기에 깔려 있다. 1990년대 전도는 프리미엄 전도였다. 전도 시즌이 되면 누구를 몇 명 데리고 오느냐가 관건이었다. 많이 데려오면 데려올수록 상품이 커졌다. 심지어 어떤 교회는 자동차를 상품으로 내걸기도 했다.

해외여행 상품이나 냉장고가 상품으로 등장하기도 했다. 그래서 어떤 사람은 전도 인원을 채우기 위해 일당을 주고 사람들을 동원했다는 황당한 이야기도 들렸다. 이 땅의 교회들은 제 살 깎아먹는

줄도 모르고 전도 이벤트에 집중했다.

2000년대 들어서면서 이런 황당한 이벤트 전도는 조금씩 사라지는 듯하다. 그러나 상품을 내걸지만 않았을 뿐 그와 유사한 전도대회는 아직도 많이 남아 있다. 옷만 바꿔 입었지 양상은 그대로다. 해마다 10월쯤 되면 교회들은 전도 축제로 떠들썩하다.

어느 유명한 강사는 이미 3-4년 전에 예약이 끝났다고 할 정도다. 교회마다 유명 강사 모시기 전쟁이다. 전도하자는 것이 문제될 건 아니다. 그런데 전도가 이벤트화되면 문제가 발생한다. 전도의 본질과 당위를 망각하게 된다.

전도는 이벤트가 아니다. 일 년에 한 번 정기적으로 사람을 동원해야 하는 행사가 아니다. 전도 행사를 왜 하는가? 생각해보자. "어느 모 교회가 이런 것을 했더니 성장했다더라"는 사고가 그 안에 있지 않은가? 심각하게 고민해봐야 한다.

전도가 교회 이미지 개선이나 분위기 조성을 위한 수단으로 전락해서는 안 된다. 하나님이 주신 값진 사명이 왜곡되어서는 안 된다. 전도 행사가 열정을 만들어내는 것이 아니라 하나님을 향한 사랑과 열정이 자연스럽게 전도로 이어지는 것이다. 이것이 올바른 순서다. 우리는 단순히 뜨겁고 벅찬 열정의 감정을 끌어올리는 데 집중해서는 안 된다. 진정한 열정은 섬세하고도 부지런한 수고가 동반된다.

미국 NBA 농구에서 래리 버드(Larry Bird)를 모르는 사람은 없다. 미 프로 농구 사상 최고 선수 50명 가운데 한 사람으로 꼽히는 선수다. 그의 성공 비결에 대해 분석가들은 입을 모아 부지런함이라고 말한다. 사실 그는 프로 입문 초기만 해도 별로 주목을 받지 못했다. 전체 선수를 통틀어 점프력은 200위권 밖인 데다 스피드도 146위에 불과했다. 하지만 그는 예상을 뒤엎고 부지런함을 무기로 NBA를 제패했다.

그에게는 별난 습관이 하나 있었다. 시합이 있는 날이면 그는 다른 선수들보다 두세 시간 먼저 농구 코트에 가서 머리를 숙인 채 천천히 공을 드리블한다. 코트 곳곳을 충분히 누비고 다니며 코트를 점검하기 위함이다.

바닥에 혹시 흠이 있는지, 흠이 있다면 어느 방향으로 나 있는지 점검하고 예상되는 모든 상황을 미리 인지하는 과정을 거친다. 이런 일련의 의식을 끝내고 나면 래리는 경기가 시작됨과 동시에 눈부신 활약을 펼친다. 어느 누구도 그를 따라올 수 없었다. 이미 코트를 훤히 꿰뚫고 있는 그가 시합을 주도해나갔다.

열정이란 부지런하고 세심하게 다가서는 것이다. 교사라면 하나님이 우리에게 원하시는 것이 무엇인지 세심하게 귀를 기울여야 한다. 그리고 아이들이 부지런함과 세심함으로 인생을 살아가는 열정의 사명자가 되도록 가르쳐야 한다. 열정을 일회성 이벤트로 만들지 않길 바란다. 이벤트를 한다고 열정을 끌어낼 수 있는 게 아니다. 하나님의 음성에 세심히 귀 기울이며 하늘로부터 주어지는 열정에 동참할 수 있는 교사가 되라. 그리고 그런 삶을 아이들에게 가르치라.

무죄추정의 원칙

종교적 감성이 뛰어난 사람일수록 한 가지 착각하는 것이 있다. 자신이 마치 신이라고 생각하는 것이다. 물론 대놓고 그렇게 말하지는 않는다. 그러나 분명 그들에게는 하나님처럼 되려는 모습이 있다. 그들은 주로 "내가 거룩하니 너희도 거룩할지어다"(레 11:45)는 말씀만 묵상하는 것 같다.

그리고 그 거룩을 자신에게서 찾지 않고 타인에게서 찾으려는 이상한 버릇이 있다. 조금이라도 부족한 인간을 보면 맹렬하게 비난한다. 무조건 비판부터 하거나 정죄한다. 심지어 무의식적으로 저지르는 실수조차 용납하지 않는다.

그들에게 무죄추정의 원칙은 없다. 무죄추정의 원칙이란 유죄 판결이 확정될 때까지 죄인으로 취급하지 않는다는 규정이다. 그들은 신적인 잣대로 세상을 너무 쉽게 판단하고 너무 쉽게 흥분하고 너무 쉽게 저주한다. 사람은 누구나 실수할 수 있다는 불변의 진리를 잊은 듯하다.

가끔 연예인들이 도덕적 해이로 이슈가 될 때면 옳고 그름이 판결되기 전 무차별 공격을 받는 것을 보게 된다. 교회에서도 마찬가지다. 지극히 낮은 인간인 우리가 너무도 신적인 행동을 하려는 경우가 많다. 대부분 기다리는 법이 없다. 쉽게 타인을 정죄하고 비판한다. 참을성이 없다.

그러나 명백해지기 전까지 우리는 누구도 비난할 수 없다. 사람이기에 사람의 냄새가 풀풀 난다. 실수도 하고 패배도 한다. 실수가 있을 때는 인정도 하고 패배는 시인해야 한다. 실수를 참아주기도 하고 패배한 이들이 다시 일어서도록 돕기도 해야 한다.

교사라면 제자들이 인간다움을 잃지 않도록 교육해야 한다. 인간이 인간다움을 버리면 그는 곧 죽은 인생이다. 인간다움을 포기할 때 인간은 오만과 교만이라는 죄를 지을 뿐이다. 신처럼 되려는 과욕을 버리기 바란다. 인간다움을 회복하기 바란다.

죄를 관대하게 허용하라는 말이 아니다. 실수하더라도 다시 설 수 있는 기회를 주는 사람과 공동체가 되자는 것이다. 넘어져도 다시 일어설 수 있도록 돕는 것이 교사요, 그런 공동체가 교회다. 교회는 죄를 말하지만 회복을 추구해야 한다.

교사는 죄를 말하지만 회개할 수 있는 인간을 세우고 그들이 다시는 죄의 자리에 가지 않도록 가르칠 수 있어야 한다. 불완전한 인간의 실존을 인정할 수 있는 겸손한 자세를 가르쳐야 한다. 잘 안다는 것이 심판의 도구가 되지 않도록 하라. 부족함을 인정하고 하나님을 바라볼 수 있는 인재를 세우기 바란다.

직면과 도전의 미덕

필자는 상담 사역에 도움을 받고자 '에니어그램'(Enneagram)이라는 성격 검사 프로그램을 수강한 적이 있다. 사흘 동안 30시간이라는 강행군에 가까운 강의를 들었다. 육체적으로는 힘든 수업이었지만 사람에 대해 많은 것들을 생각할 수 있는 귀한 시간이었다.

에니어그램이란 우리가 흔히 알고 있는 MBTI나 Disk와 비슷한 유형의 프로그램으로, 동양에서는 이미 4,500년 전부터 플라톤에 의해 계승 발전되어왔다. 에니어그램은 인간의 유형을 아홉 가지로 나눈다.

독특한 점은 모든 유형마다 두려움이라는 근본적인 특징을 가지고 있다는 점이다. 에니어그램에 따르면 사람들은 이 두려움을 극복하기 위해 저마다 특별한 노력을 하거나 혹은 왜곡된 집착 현상을 나타낸다.

그중 하나는 관계가 깨어질 것에 관한 두려움이다. 이런 유형의 사람들은 끊임없이 관계를 이어가기 위해 인생을 살아간다. 그들의 최대 관심은 좋은 관계를 맺는 것이다. 다른 것은 다 참을 수 있지만 나와 타인의 관계가 깨어지는 것은 용납하지 못한다.

관계가 깨어진다는 것은 결국 죽음과도 같은 것이기 때문에 그들에게 관계 유지는 가장 우선되는 일이다. 그들은 관계 유지를 위해 싫다는 말을 쉽게 못한다. 열정이 있고 꿈과 비전이 있어도 관계 유지를 위해서라면 기꺼이 포기하려고 한다. 하고 싶은 것, 먹고 싶은 것이 있어도 그렇다고 말하지 못한다.

잘못했다간 관계가 소원해지거나 깨질 수 있다고 생각하기 때문이다. 그래서 그들은 때때로 우유부단한 모습을 보인다. 한참 지난 후에야 자신의 속내를 드러내기도 한다. 얼핏 보면 사람 좋아 보이고 유순해 보인다. 이래도 좋고 저래도 좋다.

그러나 이런 사람을 리더로 세우면 한마디로 속 터진다. 결단력이 부족하기 때문이다. 그들에게 제일 필요한 것은 맺고 끊는 것이다. 반대하는 상대방을 두려워하지 않고 자기 의지를 표명하는 것이다. 거친 파도에 대항하는 정신이다.

노벨평화상을 수상하기도 했던 미국의 32대 대통령 프랭클린 루스벨트는 대통령이 되기 전 정치를 포기하려고 한 적이 있었다. 1928년 쿠바에서 막 귀국해 뉴욕 주지사에 당선되었을 때였다. 반대파에서 그가 법적으로 뉴욕 주 거주민으로서의 자격이 없다고 들고 일어나자 위기에 처한 그는 사퇴를 고려하기 시작했다.

그러자 당시 뉴욕 주 상원의원이었던 토머스 콜리어 플래트가 그에게 호통을 쳤다. "산후앙 언덕의 영웅이 갑자기 겁쟁이가 되었단 말인가!" 그 말을 들은 루스벨트는 물러서지 않고 다시 싸울 결심을 하게 되었다. 끝까지 싸운 결과 그는 대통령이 되었고 노벨 평화상까지 받는 영광을 누렸다.

만약 그가 반대파에 주저앉았다면 역사에 길이 남을 위대한 인물이 되지 못했을 것이다. 루스벨트와 똑같은 상황은 아니더라도 비슷한 일이 많이 일어난다. 열정은 있지만 세상의 현실 앞에 무기력하게 굴복하는 일들이 비일비재하다. 반대 앞에 무릎 꿇고 어려움 앞에 좌절한다. 원하는 것이 있고 하고 싶은 것도 있지만 부딪쳐 싸워 이기는 근성이 부족하다.

지금 시대에는 열정만큼이나 필요한 것이 도전이다. 고대 그리스에서는 왕 호위병들의 모토가 "모든 이들이 두려워해도 용감한 자는 이를 떨쳐버리고 전진하나니 설령 죽게 되더라도 언제나 승리를 거두게 되느니라"였다고 한다. 쉽게 포기하는 자는 값진 열매를 맛볼 수 없다. 힘들고 어려워도 후퇴하지 않고 싸우는 강력한 전진이 필요하다.

과거에 비하면 지금은 부족함이 없는 시대다. 부족함이 없다는 건 참 행복하고 감사할 일이다. 하지만 부족함이 없어서 생기는 문제들도 있다. 이웃나라 일본의 경우를 보자. 일본에는 1990년대 버블 경제가 꺼지고 장기 불황에 들어서면서 젊은 세대의 도전 의식 상실이 큰 사회 문제로 대두되었다.

이런 현상은 3개의 신조어로 정리된다. 하나는 '사토리 세대'다. 일명 달관 세대로 1980년대 후반에서 1990년대 후반에 태어난 이들은 도전하기를 포기하고 사회적 성공, 출세에 관심을 두지 않는 젊은이들이다.

또 하나의 신조어는 '단샤리'다. 끊을 단, 버릴 사, 떠날 리가 합성된 말로 '미니멀 라이프'를 온 몸으로 실천하는 일본의 소비 혐오 세대를 의미한다. 이들은 꼭 필요한 것만 소유하고 나머지는 버린다. 마지막 세 번째 신조어는 '초식남'이다. 연애, 결혼에 소극적인 젊은 남성을 지칭한다.

산교노리쓰(産業能率)대가 실시한 설문조사에 따르면 49.5%가 더 이상 승진을 원하지 않는다고 답했다. 성장과 붕괴를 경험한 일본인들은 인생의 덧없음을 이해하고 마치 세상을 달관한 듯 살아가려 한다. 물욕이나 경쟁심 없는 것이 좋아 보이지만 도전 상실과 무기력 상태라는 측면에서 보면 우려가 된다.

이들이 삶에 소극적인 이유는 모든 게 갖춰진 일본이 너무 좋고 편하기 때문이라는 분석이 있다. 굳이 고생하거나 위험을 직면할 이유가 없는 것이다. 이들은 유학에 흥미가 없고 경쟁에도 관심이 없다. 결혼도 출산도 포기하고 평생 혼자 편하게 살고 싶다는 욕구가 강하다.[24]

일본만의 문제가 아니다. "못 한다. 안한다. 할 수 없다. 힘들다. 그만두겠다. 하고 싶지 않다. 안하면 된다. 뭐 하러 하냐"라는 의식이 한국 사회에서도 커지고 있다. 자영업을 하는 이들이 자주 털어놓는 고충이 하나 있다. 요즘 젊은이들은 고용한 지 한 주도 지나지 않아 갑자기 그만두거나 말도 없이 사라진다는 것이다. 참을성과 끈기가 부족하다고 한다.

우리 사회의 도전 상실과 무기력은 심각하게 고민할 필요가 있다. 물론 우리는 힘들고 어려운 시대를 살고 있다. 이는 우리 사회에 더 많은 섬김과 헌신이 필요하다는 의미이기도 하다. 그리스도인다운 섬김과 헌신을 흘려보내려면 인내가 필요하다. 참을성과 끈기가 부족하면 감당하기가 쉽지 않다.

언제까지 서서 불 보듯 하고 있을 것인가? 진정한 교사라면 인재들에게 거친 파도와 싸울 수 있는 도전 정신과 근성, 인내를 가르쳐야 한다. 주님이 부르신다면 다니엘과 세 친구처럼 불 속이라도 뛰어들고 사자 우리도 들어갈 수 있는 믿음의 기개를 훈련해야 한다.

내가 살기 위해 그리스도인의 자존심을 버리는 타협적 인생을 살아가는 게 아니라 거칠게 대항할 줄 알고 시대를 역행할 수 있는 믿음의 사람들로 길러내야 한다. 그다음 일은 하나님께 맡길 뿐이다.

미래 교사의 티칭 포인트

- 사람은 누구나 새로운 것에 대한 탐구심과 도전 욕구가 있다.
- 내면의 욕구나 스트레스가 건강하게 분출되지 않으면 중독 같은 병리적 현상이 발생한다. 교사는 이러한 에너지가 거룩한 방식으로 흘러가도록 이끌어야 한다.

물질의 헌신은 주님을 얼마나 소중히 여기는지 보여주는 척도다.
자신의 능력과 권리를 포기하고
모든 주권이 하나님께 있음을 인정하는 선언이다.

12장
물질의 헌신을 가르치라

  오늘날 사람들은 돈에 웃기도 하고 돈에 울기도 한다. 돈만큼 좋은 것도 없지만 돈만큼 무서운 것도 없다. 어디 돈이 악해서 그러겠는가? 돈이 문제가 아니라 돈을 만지는 사람이 문제다. 돈의 힘을 어떻게 사용하는지 보면 그 사람의 정체성을 알 수 있다. 돈이 그 사람의 생각, 관심, 사상 등 모든 것을 말한다고 해도 과언이 아니다.

  성경은 "돈을 사랑함이 일만 악의 뿌리"(딤전 6:10)라고 말한다. 만약 돈을 너무 사랑해서 돈 없이는 아무것도 할 수 없다고 생각한다면 그가 움켜쥔 돈은 악이 된다. 조심스럽게 예측해보자면 미래 사회에는 "돈이 말한다"(Money Talks)는 원칙이 점점 강해질 것 같다. 돈이 곧 능력이고 권력이고 언어가 될 것이다. 돈의 가치가 더욱 커져서 모든 영역을 지배하게 될 것이다.

돈의 영향력이 점점 커지는 이 시대에는 돈에 대한 성경적 관점을 재정립하는 것이 무엇보다 중요하다. 그런데 희한하게도 교회는 돈에 대해 가르치지 않는다. 신앙인이라면 돈을 어떻게 벌고 어떻게 써야 하는지 말해주지 않는다. 교사라면 이런 부분도 정확히 복음적으로 다뤄야 한다.

지갑아, 열려라

돈의 힘에 관한 재미있는 이야기가 있다. 앤드류 카네기의 형수가 두 아들 때문에 항상 걱정을 했다고 한다. 그들은 예일대에 재학 중이었는데 개인 일에 너무 바쁜 나머지 집에 연락을 게을리했다. 아들로부터 답장 한 번 받지 못하는 형수는 몸이 달 수밖에 없었다.

그것을 본 카네기는 특별히 답장을 보내라고 요구하지 않아도 자신은 답장을 받을 자신이 있다며 형수에게 1백 달러 내기를 제의했다. 형수가 내기에 응하자 카네기는 곧바로 조카들에게 편지를 보냈다. 이렇다 할 내용도 없는 잡담에 가까운 편지였다.

다만 추신으로 "두 사람에게 각각 5달러씩 보낸다"라고 쓰고 실제로 돈을 동봉하지 않았다. 지체 없이 답장이 왔다. "친애하는 숙부님께. 보내주신 편지 감사합니다. 그런데 5달러가 없습니다."

현대 사회는 지갑이 회개해야 한다는 말이 있다. 회개한다고 말하면서 물질을 드리는 문제에 있어서는 열정이 없다면 그것은 진정한 회개가 아니라는 말이다. 예수님도 분명히 말씀하셨다.

> 예수께서 이르시되 네가 온전하고자 할진대 가서 네 소유를 팔아 가난한 자들에게 주라 그리하면 하늘에서 보화가 네게 있으리라 그리고 와서 나를 따르라 하시니(마 19:21).

한 청년이 예수님께 찾아와 물었다. "예수님, 무슨 선한 일을 해야 영원한 생명을 얻을 수 있습니까?"

예수님이 대답하셨다. "어찌하여 내게 선한 일을 묻느냐? 선한 분은 오직 한 분이다. 영원한 생명에 들어가고자 하거든 계명들을 지켜라."

그러자 그가 다시 물었다. "무슨 계명들입니까?"

예수님이 설명하셨다. "살인하지 말라, 간음하지 말라, 도둑질하지 말라, 거짓으로 증언하지 말라, 부모를 공경하라, 네 이웃을 네 자신과 같이 사랑하라."

그러자 그 청년이 의기양양한 표정으로 말했다. "저는 이 모든 것을 다 지켰습니다. 아직도 무엇이 부족합니까?"

그러나 예수님은 고개를 저으며 단호하게 말씀하셨다. "네가 온전한 사람이 되고자 하거든 가서 네 소유를 팔아 가난한 사람에게 주라. 그리하면 하늘에서 보화를 차지하게 될 것이다. 그리고 와서 나를 따르라."

이 말씀을 들은 청년은 금세 얼굴이 굳고 안색이 창백해졌다. 결국 그는 근심 어린 모습으로 예수님 곁을 떠나갔다. 포기하기에는 아까운 많은 재산이 있었기 때문일 것이다. 우리는 이 사건을 보면서 부자가 천국에 들어가기는 정말 힘들다고만 생각한다.

그러나 중요한 것은 부자가 왜 천국에 들어가기 힘들게 되었는가다. 그에게는 물질에 대한 회개가 없었다. 탐욕이 가득했다. 벌어서 쓰고 남는 여유분을 어떻게 사용해야 하는지에 대한 예수님의 권면을 무시했다. 부자라서 지옥에 가는 것이 아니다. 부자의 문제는 물질의 은사를 은사답게 사용하지 못한 데 있다.

세상은 불공평하다. 누구는 최저 시급으로 간신히 살지만 누구는 금융 시장에서 최저 시급의 수천, 수만 배를 순식간에 번다. 옳고 그름의 문제를 따지는 것이 아니라 세상은 물질적 측면에서 공평할 수 없다는 것을 말하고자 함이다.

물질의 영역만 불공평한 게 아니다. 사회가 점점 기형화되어 간다. 총기 자유의 나라 미국에서는 학생들이 학생들의 총에 맞아 죽고 있다. 강남 한복판에서 한 여성이 아무 이유 없이 둔기에 맞아 죽기도 했다. 이런 비정상적인 사회를 보며 그리스도인들은 어떤 생각과 행동을 해야 할까?

이 시대를 향한 하나님의 요청이 우리의 헌신임을 기억해야 한다. 이는 영적인 노블리스 오블리제를 통해서 가능하다. 물질이 있는 사람은 물질을 나누고, 힘이 있는 사람은 힘을 나누고, 지혜가 있는 사람은 지혜를 나눔으로써 비정상적 세상을 정상으로 환원할 수 있다.

특히 물질에 대해서는 한국 교회가 그동안 소홀히 해왔던 만큼 그리스도인들이 더 큰 책임감을 가져야 한다. 우리는 회개한다고 말하면서도 물질에 대한 집착을 멈추지 않았다. 예수님이 자리하셔야 할 자리를 돈으로 채워왔다.

교회는 물질의 헌신이나 나눔을 실천하는 시스템을 마련하지 못했고 성도들 역시 나눌 마음이 부족했다. 헌금의 중요성을 가르치는 일에도 소홀했다. 그저 '십일조는 축복의 통로'라는 가르침 하나로 밀어붙였다. 가르치는 이들조차 온전한 드림, 온전한 감사도 없이 말이다.

헌금을 단순히 축복을 받기 위한 도구로 전락시키지 말아야 한다. 헌금은 축복을 받기 위한 마중물 정도가 아니다. 헌금은 주님을 얼마나 소중하게 여기는지 보여주는 척도이며 자신의 능력과 권리를 포기하겠다는 선언이다. 모든 물질의 소유권이 내가 아니라 하나님께 있음을 인정하는 선포다. 물질을 포함해 나와 내 가정, 내 모든 것을 드리겠다는 서약과도 같은 것이다.

우리는 이런 서약을 매주일, 매달 해야 한다. 인간은 너무도 연약하기 때문이다. 물질의 헌신에는 반드시 정직한 시스템이 동반되어야 한다. 교회는 재정 운용의 건전성을 회복해 헌금을 소외된 곳에 잘 사용함으로써 사회의 많은 어려움을 해소하는 데 힘써야 한다.

과부의 두 렙돈 이야기를 잘 알고 있을 것이다. 그녀는 자신의 전 재산인 두 렙돈을 드렸다. 생사를 하나님께 맡기겠다는 선언이었다. 이보다 더 확실한 회개가 어디 있고 더 뜨거운 열정이 어디 있겠는가?

나는 가끔 재산이 어마어마한, 집이 몇 채나 있고 주식과 현금을 엄청나게 보유한 사람들이 누구도 따라할 수 없을 만큼의 헌금을 드리는 걸 본다. 인간적인 관점에서는 엄청난 양이다. 그러나 절대적인 양보다 중요한 건 배율이다.

예수님의 계산 방식을 그대로 적용하면 어떻게 해야 하는가? 전부 팔아서 가난한 자들에게 나눠주어야 한다. 엄청난 헌금을 한다고 해서 자랑스러워할 것이 하나도 없다는 이야기다. 그렇다고 가지고 있는 걸 전부 드리라는 말이 아니다.

미래의 영적 인재라면 '드림다운 드림'이 있어야 한다는 걸 말하고 싶었다. 교사의 사명은 바로 이 지점이다. 아이들이 드림다운 드림을 살아낼 수 있도록 가르쳐야 한다.

아낌없는 드림이 하나 되게 할 수 있다

몇 해 전, 미국이 자존심을 구긴 일이 있었다. 허리케인 카트리나가 미국 남부 지역을 강타하면서 경제 대국 미국이 속수무책으로 당한 것이다. 사망자 수가 수천 명에 달했고 경제적 피해도 미국의 자연 재해 사상 최대 규모인 260억 달러에 이르렀다.

허리케인의 직접적인 타격을 입은 루이지애나 주 뉴올리언스는 도시의 80%가량이 물에 잠겼으며 일부 지역의 수심은 6m에 달했다. 미시시피 주 빌럭 시의 A. J. 할러웨이 시장은 "이건 우리의 쓰나미"라고 한탄했을 정도다.

참담한 흔적들이 속보로 보도되고 있을 무렵 한 건의 감동 뉴스가 내 눈에 들어왔다. 여덟 살 소녀가 1조 원의 성금을 모았다는 것이다. 뉴스의 주인공인 미국 사우스다코다 주에 사는 여덟 살 소녀 브리튼 놀드메이어는 허리케인 카트리나로 집을 잃은 어린이들을 위해 무엇인가 하고 싶었다.

어떤 방법으로 그들을 도울 수 있을까 궁리하던 브리튼은 마침이가 빠지자 자신의 이를 적십자사 사우스다코다 주 수폴스 지부에 보냈다. 이빨 요정이 허리케인 카트리나로 집을 잃은 어린이들에게 돈을 남겨주기 바란다는 편지와 함께였다.

이빨 요정이란 미국에서 산타클로스만큼 유명한 존재다. 미국 아이들은 이가 빠진 날 베개 밑에 빠진 이를 두고 자면 요정이 와서 이를 가져가고 대신 돈을 넣어준다고 믿고 있었다.

그런데 그 편지가 적십자사에 도착했을 때 이는 사라지고 봉투에는 브리튼의 이가 빠져나간 작은 구멍만 남아 있었다. 얼마 지나지 않아 익명의 기부자가 이빨 요정이 보내는 성금이라며 500달러를 적십자사 수폴스 지부에 보내왔다. 브리튼의 엄마인 팸은 "아마도 이빨 요정이 적십자사로 가던 편지 봉투에서 빠져나간 브리튼의 이를 찾아낸 모양이다"라고 웃으며 말했다.

브리튼과 이빨 요정의 이야기가 전해지면서 수폴스 지부에는 이빨 요정을 자처하는 기부자들로부터 10억 달러(약 1조 원) 이상의 성금이 답지했다. 이는 사우스다코다 적십자사가 받은 사상 최대의 기부금이었다.

이빨 요정은 없다. 성경적이지도 않다. 동화 속에서나 나올 법한 이야기다. 그러나 브리튼의 드림이 모든 미국인을 하나로 만들었다는 것은 의심할 수 없는 일이다. 사실 이 시대에 하나 되는 것은 축복이다. 그러나 내 것을 내놓지 않고는 하나 될 수 없음을 기억해야 한다.

　물질을 드린다는 것은 소속감이 있을 때 가능하다. 따라서 헌금이란 물질을 드림으로써 하나님 나라의 공동체에 속한 사람임을 증명하는 것이다. 하나 되기 가장 쉬운 방법은 내 것을 그 안에 내어놓는 것이다. 이것이 바로 초대 교회가 보여준 모습이었다.

　서로 물건을 통용하며 아낌없이 도움을 주고받았던 공동체가 교회다. 말로만 사도행전을 꿈꾸지 말고 지금부터 내 것을 나누었으면 한다. 물질의 드림을 먼저 가르치라. 그러면 물질의 헌신을 통해 서로 하나로 묶여지는 놀라운 체험을 하게 될 것이다. 교회는 이 헌신을 슬기롭고 지혜롭게 하나님의 시선이 머무는 곳에 나눠야 한다.

온전함이 어려운 이유

　포지셔닝(Positioning)이라는 말이 있다. 사람들의 마음속에는 동일한 범주에 속하는 상품들에 관한 순위가 매겨져 있으며, 일단 매겨진 순위는 바뀌기 힘들다. 즉 어느 상품 혹은 브랜드가 일단 사람들의 마음속에 1등으로 자리매김하면 실상 그 상품이 다른 상품과 별 차이가 없는 것으로 밝혀지더라도 여전히 최고라는 인식이 지속되는 것이다.

물질을 드리는 게 어려운 이유는 우리의 잘못된 포지셔닝에 원인이 있다. 하나님께 드리는 것이 무엇보다 중요하다는 것을 알고 있음에도, 내 안에 매겨진 우선순위가 무의식중에 작용해 물질을 내 중심에 놓게 된다. 잘못된 포지셔닝을 되돌리기 위해 필요한 것이 현실 이해다.

베트남전쟁 때 하노이 포로수용소에 갇힌 미군들 중 최고위 장교 한 명이 있었다. 그는 수용소에 갇혀 지낸 8년 동안 모진 고문을 당하면서도 많은 미군 포로들이 고향으로 살아 돌아올 수 있게 만든 전쟁 영웅이다.

그에 따르면 수용소에서 살아남은 사람들은 일반적인 통념과는 달리 낙관주의자들이 아니라 현실주의자들이었다. 낙관주의자들은 다가오는 크리스마스에는 나갈 수 있을 거라고 희망을 걸었다가 좌절되면 또 다가오는 부활절에는 나갈 수 있을 것이라고 기대하고 이렇게 기대를 반복하다가 결국에는 상심해서 죽었다.

반면 현실주의자들은 크리스마스가 될 때까지는 나가기 힘들겠다고 생각하면서 그에 대비하는 마음으로 살아갔고 결국 살아남을 수 있었다. 이것을 스톡데일 패러독스(Stockdale Paradox)라고 부른다. 아무리 어려워도 결국에는 성공할 것이라는 믿음을 잃지 않으면서 동시에 눈앞에 닥친 현실의 냉혹함을 직시하는 사고다.

앞서 말한 현실 이해란 스톡데일 패러독스를 말한다. 즉 우리 자신을 주님께 드리는 것이 성공이며, 아무리 현실이 힘들고 어려워도 성도의 의무와 책임을 다할 때 하나님이 기뻐하신다는 사실을 믿는 것이다. 헌금은 하나님의 나라에 내가 소속되어 있음을 증명하는 도구이며 기쁨이다. 이것이 우리가 직시할 현실이다.

그러므로 이제 조금만 시각을 변화시켰으면 좋겠다. 내게 헌금이란 감당하기 버거운 짐이 아니며 무리한 요구도 아니다. 앤디 스탠리(Andy Stanley)가 『헌금의 기쁨』에서 말했듯이 헌금이란 하나님 나라의 사역을 그분과 함께하는 동역자 의식을 갖는 축복이다. 이러한 패러다임 전환이 있을 때 헌금은 솜사탕보다, 양털보다 가벼운 것임을 깨닫게 될 것이다.

우리가 이 사실을 가르치지 않는다면 우리의 영적 인재들은 이 큰 행복을 누리지 못하게 될 것이다. 그들에게 진리의 길을 열어주라. 기쁨의 길, 행복의 길을 열어주고 하나님께 칭찬받을 수 있는 길을 열어줘야 한다. 이제 주저하지 말고 물질의 헌신을 가르치도록 하자.

우리 가운데는 여러 가지 은사들이 있다. 어떤 이는 목소리가 아름다워서 찬양의 은사로 하나님께 영광을 돌린다. 어떤 이는 섬기는 데 탁월한 은사가 있어 타인을 돌보고 아끼는 것으로 하나님께 영광을 돌린다. 어떤 이는 가르치는 것에 은사가 있어 양육하고 가르치는 일로 하나님께 영광을 돌린다. 우리는 각자 받은 은사대로 하나님 사역에 동참한다.

여기에 덧붙여 강조하고 싶은 은사가 하나 있다. 바로 물질의 은사다. 가르치는 것, 섬기는 것, 찬양하는 것, 기도하는 것, 위로하는 것만이 은사가 아니라 돈을 운용하고 돈의 흐름을 보는 것도 하나님이 주신 은사임을 깨달아야 한다.

아무리 돈을 벌고 싶어도 돈의 길이 보이지 않으면 돈을 벌 수 없다. 그런데 어떤 이는 돈의 길목을 안다. 돈의 흐름이 눈에 확 들어온다. 하나님이 주신 은사다. 하나님은 그 은사로 헌신하기를 원하신다.

교회학교, 주차장, 주방, 성가대, 호스피스 같은 섬김으로만 헌신하는 것이 아니라 물질로도 헌신할 수 있다. 하나님이 주신 은사로 마음껏 헌신하면 하나님이 기뻐하실 것이다. 진정한 교사라면 미래 인재들의 숨겨진 은사를 끌어내고 그들의 시야를 넓혀주며 바른 길로 인도해야 한다.

그들이 크게 성장해 자신의 분야에서 헌신할 수 있도록 길을 열어줘야 한다. 이것이 바로 우리의 몫이다. 물질의 헌신에 대해 애매한 타협을 가르치지 말고 그 안에서 누리는 하나님과의 하나 됨이 얼마나 값진 것인지를 지혜롭게 말해줄 수 있기를 바란다.

미래 교사의 티칭 포인트

- 돈을 어떻게 사용하느냐가 그 사람의 정체성, 가치관을 반영한다.

- 모든 물질의 주인이 하나님이라는 사실을 가르치라. 헌금, 나눔의 가치를 실천하게 하라.

- 물질의 헌신을 통해 서로 하나 됨을 확인하게 하라. 더 나아가 이러한 헌신이 하나님 나라에 소속되어 있음을 증명해준다는 사실을 알게 하라.

PART 4

4.0시대
인재의 조건

시공간이 압축되는 미래에는 더 많은 정보가 더 빨리 변한다.
그만큼 우리의 경험 세계는 넓어지고
선택의 폭과 어려움도 커진다.

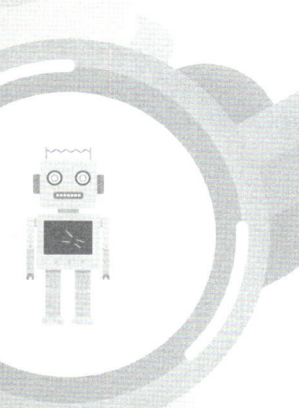

13장
인공지능 시대의 인재상

 필자가 사역하는 아시아미래인재연구소는 미래에 일어날 판의 변화에 주목하고 새로운 판에 필요한 인재의 중요성을 강조해왔다. 지금은 판이 변화되고 있다. 판의 변화에 따른 새로운 미래 인재를 정의해야 할 시점이다.

 그렇다면 앞으로 인재의 조건은 어떻게 변화될까? 필자는 아시아미래인재연구소 부소장으로서 기업을 비롯한 여러 단체, 기관에서 미래 인재상에 대한 강의를 하고 있다. 강의의 주요 내용들을 추려 이 글을 읽는 독자들에게 도움을 주고자 한다. 아시아미래인재연구소가 미래 인재의 조건으로 정리한 S.M.A.R.T.는 다음과 같다. (SMART는 Sense, Method, Art, Relationship, Technology의 첫 글자를 묶은 것이다.)

미래 인재 조건 S.M.A.R.T		
Sense	사물이나 현상에 대한 감각, 판단, 통찰력을 기르라.	직관적 통찰력 훈련된 통찰력
Method	조직적이고 체계적인 방법을 갖추라.	종합적/분석적 사고, 체계적 업무 처리 능력
Art	자신의 지식과 기술을 장인 수준으로 숙련시키라.	숙련된 지식 예술적 상상력
Relationship	친밀한 관계를 확보하라.	네트워크, 집단 지성 인격/성품, 커뮤니케이션 능력, 공감 능력
Technology	최신 기술을 활용하고 기술지능을 높이라.	하드웨어/소프트웨어 활용 능력, 기술지능

• **Sense**: 사물이나 현상에 대한 감각, 판단, 통찰력을 기르라

센스에 있어 가장 중요한 부분이 통찰력이다. 미래는 타자를 따라가는 시대가 아니기 때문에 통찰력의 중요성은 아무리 강조해도 지나치지 않다. 통찰력을 이야기할 때 절대 빠지지 않는 인물이 스티브 잡스(Steve Jobs)다. 스티브 잡스의 생애는 책으로, 영화로 제작되었을 만큼 많은 사람들의 관심을 받았다. 우리 모두의 백과사전 〈위키백과〉는 스티브 잡스의 생애를 다음과 같이 소개해놓았다.

스티브 폴 잡스(영어: Steve Paul Jobs, 1955년 2월 25일 - 2011년 10월 5일), 간단히 스티브 잡스(Steve Jobs)는 미국의 기업인이었다. 애플의 전 CEO이자 공동 창립자. 2011년 10월 5일 췌장암에 의해 사망했다. 1976년 스티브 워즈니악, 로널드 웨인과 함께 애플을 공동 창업하고 애플 2를 통해 개인용 컴퓨터를 대중화했다. 또한 GUI와 마우스의 가능성을 처음으로 내다보고 애플 리사와 매킨토시에서 이 기술을 도입하였다. 1985년 경영 분쟁에 의해 애플에서 나온 이후 NeXT 컴퓨터를 창업하여 새로운 개념의 운영 체제를 개발했다. 1996년 애플이 NeXT를 인수하게 되면서 다시 애플로 돌아오게 되었고 1997년에는 임시 CEO로 애플을 다시 이끌게 되었으며 이후 다시금 애플을 혁신해 시장에서 성공을 거두게 이끌었다. 2001년 아이팟을 출시하여 음악 산업 전체를 뒤바꾸어 놓았다. 또한 2007년 아이폰을 출시하면서 스마트폰 시장을 바꾸어 놓았고 2010년 아이패드를 출시함으로써 포스트PC 시대를 열었다.

스티브 잡스는 애니메이션 영화 〈인크레더블〉과 〈토이 스토리〉 등을 제작한 컴퓨터 애니메이션 제작사인 픽사의 소유주이자 CEO였다. 월트 디즈니 회사는 최근 74억 달러어치의 자사 주식으로 이 회사를 구입하였다. 2006년 6월 이 거래가 완료되어 잡스는 이 거래를 통해 디즈니 지분의 7%를 소유한, 최대의 개인 주주이자 디즈니 이사회의 이사가 되었다. 한편 그는 2004년 무렵부터 췌장암으로 투병 생활을 이어왔다. 그의 악화된 건강 상태로 인하여 2011년 8월 24일 애플은 스티브 잡스가 최고경영책임자(CEO)를 사임하고 최고운영책임자(COO)인 팀 쿡이 새로운 CEO를 맡는다고 밝혔다. 잡스는 CEO직에서 물러나지만 이사회 의장직은 유지시키기로 했으나 건강 상태가 더욱 악화되어 사임 2개월도 지나지 않은 2011년 10월 5일 향년 57세의 나이로 사망하였다. IT분야의 혁신 아이콘으로 꼽힌다.

그는 작고한 지 수년이 지났지만 그가 2005년 스탠포드대학교 졸업식에서 했던 연설은 여전히 많은 이들 사이에 회자되고 있다.

죽음은 새로움을 만들어냅니다. 죽음은 낡은 것을 대신할, 새로운 것에게 길을 열어줍니다. 하지만 그 새로움은 금세 낡음이 되죠. 즉 우리에게 주어진 시간은 한정되어 있습니다. 그렇기 때문에 다른 사람의 인생을 살기 위해 자신의 소중한 시간을 낭비하지 마십시오. 당신의 마음에서 나오는 소리를 듣고 용기를 내서 직관에 따라 행동하십시오. 그것은 당신이 진실로 하고 싶어 하는 것을 알고 있습니다.

이 연설은 많은 이들에게 감명을 주었다. 더불어 그가 어떻게 남과 다른 독창적인 통찰력을 발휘할 수 있는지에 대한 단초를 제공해주었다. 바로 호기심과 직관이다. 용기 내어 직관을 따르라. 분명 잡스는 방을 한가득 차지하는 거대한 공룡 컴퓨터를 보며 이렇게 직감했음에 틀림없다. "컴퓨터가 세상을 바꿔놓을 것이다!" 컴퓨터를 처음으로 대면하는 순간 좀 더 아름답고 조용하며 지금보다 훨씬 작은, 사용자들이 직관적으로 일할 수 있는 장치를 만들어야 한다는 것을 직감하고 이를 자기 사명으로 여겼음에 틀림없다. 잭 웰치(Jack Welch)도 "자신의 직관을 스스로 읽을 수 있는 사람은 깨달음을 얻게 된다"고 말했다. 미래는 이런 통찰력이 더없이 중요하게 될 것이다. 왜냐하면 지금보다 훨씬 더 압축된 시간과 공간의 세상이 될 것이기 때문이다. 시공간이 압축된다는 것은 우리 앞에 펼쳐질 세상이 내가 생각하는 것보다 더 빠르게 움직인다는 뜻이다. 물론 산이 움직이고 바다가 움직이는 물리적 움직임을 말하는 것이 아니다(물론 지금은 과거보다 더 빠르게 산과 들과 바다의 변형이 이뤄지고 있긴 하지만). 시공간이 압축된다는 건 생각보다 더 많은 정보와 변화, 더 넓은 세계를 경험하게 된다는 의미다. 그만큼 선택의 폭이 넓어지고 선택의 어려움도 커진다.

실례로 필자는 강의를 할 때마다 세제 이야기를 하곤 한다. 만약 어떤 사람이 세제를 구입한다고 하자. 20년 전과 지금을 비교할 때 변한 것과 변하지 않은 것은 무엇일까? 변하지 않은 것은 여전히 우리가 세제를 사용해서 세탁을 한다는 것과 이 세제를 구입하기 위해 마트에 간다는 것이다. 변한 것은 무엇일까? 과거 20년 전에는 선택의 폭이 좁았다. 브랜드 종수가 몇 안 되었기 때문에 쉽게 고를 수 있었다. 하지만 지금은 사전에 정보를 숙지하지 않거나 혹은 누군가에게 추천받지 않으면 마트의 세제 진열대 앞에서 정신적 충격을 받을 수도 있다. 선택하기 버거울 정도의 수많은 세제들에 압도당한다. 다양성을 누리는 측면도 있지만 선택의 어려움 역시 가중된 것이다. 단순히 세제를 예로 들었지만 우리는 인생 전반에서 선택의 압박을 경험하고 있다. 차라리 선택하지 않는 것이 현명한 선택일지 모른다는 생각이 들 정도다. 후기 정보화시대로 간다면 선택은 점점 더 큰 부담과 고통이 될 것이다. 어떻게 하면 좋은가? 지금도 그렇지만 미래에는 직관이 더 중요해질 것이다.

사전적 의미를 살펴보면 통찰이란 "예리한 관찰력으로 사물을 꿰뚫어보는 것" 혹은 "자신을 둘러싼 내적·외적 구조를 새로운 시점에서 파악하는 일"이다. 즉 뛰어난 통찰력은 자신의 내부와 외부에서 벌어지는 상황을 새로운 관점에서 종합적으로 관찰하여 사건의 본질을 꿰뚫어보는 능력이다. 통찰력을 기르려면 내 앞에서 벌어지는 일들을 관성적인 생각과 습관적인 태도로 대하지 않아야 한다. 새로운 관점과 새로운 사고 기술을 사용하려는 노력을 해야 한다. 그러면 중요한 주제나 사건들이 이제까지는 전혀 연관 없다고 생각했던 다른 주제나 사건 혹은 사물들과 연관되어 나타나는 '신선하고 통찰적인 맥락'이 드러나게 된다. 『마인드 세트』의 저자 존 나이스비트(John Naisbitt)도 "사건들의 연결 고리를 찾는 일은 계산적이기보다는 훨씬 직관적이다"고 말했다.

이런 능력이 가장 뛰어났던 사람들 중 한 사람이 바로 창세기 41장에 나오는 요셉이다. 바로가 꿈을 꾼 후, 바로와 주위 사람들은 관성적인 생각과 습관적인 태도로 꿈을 해석하려고 했다. 하지만 요셉은 바로의 꿈을 전혀 다른 시각에서 접근했다. 바로 하나님의 시각이었다. 요셉은 하나님의 시각으로 하나님이 이끌어가실 14년의 미래를 통찰했다. 그리고 하나님이 왜 그런 미래를 만들어가시는지에 대한 '이치'를 바로에게 전달했다.

하나님이 7년의 풍년과 7년의 흉년을 통해 세상의 변화를 어떻게 이끌어가실지에 대한 '구조'를 설명했다. 요셉에게는 하나님의 편에서 사고하는 능력이 있었던 것이다. 필자는 이것을 하나님에게서 오는 '신적 통찰력'이라 부른다. 신적 통찰력은 기도와 말씀 생활을 통해서만 얻을 수 있는 능력이다. 요셉은 예리한 관찰력으로 이집트의 자원을 파악한 후 7년의 풍년과 7년의 흉년에 가장 잘 대응할 수 있는 '미래 전략'도 제시했다. 이는 후천적인 사고 훈련을 통한 능력으로 가능한 것이다. 필자는 이것을 '훈련된 통찰력'이라고 부른다. 훈련된 통찰력은 타고난 능력에 의해 감각적으로 사물을 파악하는 직관과는 달리 두뇌의 사고 작용을 거치므로 후천적인 사고 훈련을 어떻게 하느냐에 크게 영향을 받는다.

그리스도인들은 요셉과 같이 두 종류의 통찰력을 함께 사용하는 것이 필요하다. 지금은 난세이고 혼란기다. 불확실성이 크게 증가하는 시기다. 엄청난 위기와 기회가 중첩되어 나타나는 시기다. 이런 시기에는 통찰력이 기업이나 국가, 개인의 사활을 결정한다. 그 어느 때보다 하나님께 무릎 꿇고 기도해야 한다. 그리고 다양한 관점에서 사건을 보고 지속적으로 사고 훈련을 하면서 좌로나 우로나 치우치지 않고 시대를 꿰뚫어보려는 노력을 해야 한다.

어떻게 하면 직관 있는 사람이 될 수 있을까? 필자가 공저한 『2030 기회의 대이동』의 한 부분을 발췌해 설명하겠다.

세 가지 방법이 있다. 업데이팅(Updating), 필터링(Filtering), 시뮬레이팅(Simulating)이다. 첫째, 정보를 업데이트(Updating)해야 한다. 끊임없이 '학습'을 통해 새로운 정보나 경험을 의식과 무의식에 저장해야 한다. 실수도 아주 중요한 훈련이다. '실패는 성공의 어머니'라는 말은 틀림없는 진리다. 뇌의 신경학적인 메커니즘 때문에 그렇다. 인간의 뇌는 아주 짧은 시간 안에 실수를 발견하고 그 실수를 바로잡으면서 기억의 오류를 수정하여 업데이트하는 신경 그물망 조직을 가지고 있다.

둘째, 정보 필터링(Filtering)을 해야 한다. 새 정보를 입력하는 것은 중요하지만 정보를 무분별하게 저장하는 것은 오히려 비효율적이다. 정보가 폭발적으로 증가하면서 무용 지식이 늘어나는 요즘 시대에는 더욱더 그렇다. 정보를 많이 축적하기보다는 '직관을 흐리게 하는 정보나 경험의 장애물'을 제거하고 걸러서 저장해야 한다. 왜곡된 정보를 무분별하게 흡수해버리면 잘못된 직관과 통찰을 발휘할 수밖에 없다.

셋째, 시뮬레이션(Simulating)을 통해 학습해야 한다. 뇌의 시스템상 기억을 저장할 때는 가능하면 경험적인 지식의 형태로 저장하는 것이 유리하다. 영어 단어를 무작정 외우기보다 외운 단어를 가지고 다른 사람들 앞에서 발표하거나 가르치는 '경험'을 덧붙이면 뇌가 강력하게 기억하게 된다. 시뮬레이션 기억도 마찬가지다. 비행기 조종사들은 실제로 비행기를 조종하기 전에 수많은 시간을 시뮬레이션 기계 안에서 보낸다. 실전에서는 경험이 많은 조종사 옆자리에 앉아서 수많은 실전 경험을 축적한다. 이러한 시뮬레이션을 통한 훈련은 짧은 시간 내에 직관을 강력하게 훈련함으로써 실전에서 빠르고 올바르게 통찰력을 발휘하도록 해준다.

• **Method**: 조직적이고 체계적인 방법을 갖추라

미래 사회로의 변화에 있어 주목해야 할 요소 중 하나는 효율성이다. 다가올 미래에는 지금처럼 지식을 축적하고 기술을 숙련하기 위해 공부할 필요가 없어진다. 당연히 점수 위주의 교육을 위해 암기하듯 학습할 이유가 사라진다. 물론 공부 자체가 무의미하다는 것이 아니다. 지금과 같은 학습 방식은 비효율적이 될 것이라는 의미다. 앞에서 살펴본 것처럼 시공간이 압축되는 사회에서는 정

보의 빅뱅이 나타날 것이다. 폭발하는 정보와 지식을 어떻게 다 내 것으로 만들 수 있겠는가? 지금처럼 암기를 열심히 한다고 해서 지속 가능하고 의미 있는 지식의 축적이 가능해질까? 그렇지 않다! 빅데이터의 활용도와 중요도는 한층 높아질 것이다. 사람들은 의미 있는 지식을 원할 때 빅데이터에 접속하게 될 것이다. 이제는 마음만 먹으면 3D 프린터와 열려 있는 지식을 활용해 개인 소총을 만들 수 있는 시대다. 미래에는 한 걸음 더 나아가 핵폭탄을 제조할 수 있는 개인이 등장할지도 모른다.

중요한 것은 효율성 극대화다. 단순히 정보를 축적하기 위해서만 학습하는 것은 미래 사회의 속도와 효율성 면에서 탁월한 선택이 아닐 것이다. 미래는 정보를 알고 있는 것보다 정보를 어떻게 업데이팅, 필터링, 시뮬레이팅해서 활용하는지가 더 중요하다. 이것을 우리는 전략이라고 말한다.

국가 차원에서도 마찬가지다. 과거 우리는 50년의 초고속 압축 성장을 했다. 도저히 불가능할 것이라 여겼던 국가 성장을 이룩했다. 국가가 성장하며 개인, 가정, 기업, 교회까지 더불어 성장했다. 그래서 G20 국가에 진입했다. 쉽게 말해 전 세계 서열 20위권 안에 진입한 것이다. 그런데 그 후 괄목할 만한 성장이 둔화되었다. 50년 전이나 지금이나 열심은 마찬가지다. OECD국가 중 노동 시간이 가장 높은 국가가 대한민국이다. 여전히 열심히 일하지만 제자리걸음이다. 이 말은 열심의 문제가 아니라는 것이다. 열심을 뛰어넘는 다른 무엇이 필요하게 되었다는 것이다. 그것이 바로 효율성이고 전략이다. 이제는 전략이 필요할 때다. 미래에는 전략, 즉 보다 조직적이고 체계적인 방법이 더 중요해진다. 미국 최고의 비즈니스 분석 개발업체인 새스(SAS)의 부회장 짐 데이비스는 "앞으로는 기업들이 정보와 지식을 어떻게 효과적으로 관리하고 경영에 활용하느냐에 따라 기업의 운명이 달라질 것이다"라고 말했다.

기업의 운명만 달라지겠는가? 개인, 기업, 국가, 종교 등 전반적인 영역이 달라질 것이다. 미래는 누가 좀 더 효율적이고 효과적으로 일하느냐가 중요할 것이다. 그럼 어떻게 해야 할까? 핵심은 사고 기술이다. 들어오는 정보를 종합적으로 분석하고 재처리하는 기술을 가져야 한다. 인식 사고 기술을 훈련하려면 다방면의 지식이 필요하다. 한국 사회에서 오랫동안 소외되던 철학, 경영학, 심리학, 사회학, 미래학 등이 그것이다.

• **Art**: 자신의 지식과 기술을 장인 수준으로 숙련시키라

미래에는 지식을 생산하는 노동이 아주 중요해진다. 이를 위해서는 개개인이 기본적으로 '숙련된 지식'을 가지고 있어야 한다. 숙련된 지식이란 어느 특정 분야에 대한 장인 혹은 달인 수준의 지식을 의미한다. 지금 시대는 지식정보화 사회다. 지식 사회란 다

른 말로 탈공업화 사회(脫工業化社會)다. 세계는 지금 중화학 공업과 제조업 중심의 공업 사회에서 지식(정보) 관련 산업으로 급속하게 발전하면서 지식(정보) 자체가 핵심적인 원천이 되는 시대가 되고 있다. 지식정보화 사회에서는 자본, 토지, 노동력보다 정보나 지식 자체가 사회경제 발전의 유력한 자원이 되고 이런 정보와 지식을 재가공함으로써 새로운 가치를 생산하는 방식의 발전이 이뤄지고 있다. 향후 20년 동안은 이런 추세가 더 가속화될 것이다. 지식정보화 사회에서는 지식이 새로운 소득을 만들어내는 거의 유일한 원천이다. 즉 지식과 정보 전쟁에서 밀리면 개인이든 기업이든 국가든 끝장난다. 지식과 정보가 아니고는 새로운 부를 창출할 수 없으며 심지어 자신이 기존에 가지고 있던 부의 기반까지 침식당할 수 있다.

또한 미래 사회의 컴퓨터 시스템은 지금보다 더 많은 양의 데이터를 더 빠르고 정확하게 수집하고 처리할 수 있기 때문에 단순 근력 노동자나 단순 지식 노동자는 점점 설 자리를 잃게 된다. 미래학자 엘빈 토플러(Alvin Toffler) 박사가 말한 것처럼 육체 노동자 혹은 저숙련 노동자는 비용을 거의 들이지 않고 대체가 가능하다. 이런 추세라면 후기 정보화 사회에서는 숙련된 지식 근로자만 살아남게 될 것이다.

결국 자기 분야의 지식을 파편화된 기술로 하향 평준화하지 않고 장인 수준으로 끌어올리는 사람만이 생존할 수 있다. 세상은 이런 사람을 찾아 아낌없이 투자하고 스카우트할 것이다.

이렇게 이야기하면 어떤 분들은 실망할지 모른다. 나는 별로 배운 것도 없고 공부도 싫어하고 좋은 대학도 못 나왔는데 어떻게 숙련된 지식을 소유한 사람이 될 수 있을까? 실망할 필요 없다. 왜냐하면 숙련된 지식(장인 지식 혹은 달인 지식)이란 단순히 우리가 생각하는, 공부 많이 한 사람이나 좋은 대학 나온 사람만 갖출 수 있는 조건이 아니기 때문이다. 숙련된 지식이란 학문적 전문성이나 주제적 전문성을 지닌 지식을 말한다. 학문적 전문성만 따지면 접근하기 어려운 것이 되지만 주제적 전문성까지 의미한다면 평범한 사람도 충분히 갖출 수 있는 것이다. 주제적 전문성은 무엇이든 상관없다. 컴퓨터 게임, 요리, 조각, 인테리어, 청소, 인간관계 혹은 당신이 갖고 있는 취미까지… 주제가 무엇이든 당신의 전문성이 독보적인 달인 수준에 올라간다면 새로운 인재로 주목받을 수 있다. 즉 학문적 지식이든 취미적 지식이든 숙련된 수준에 올라가도록 훈련하기만 하면 이를 활용해서 새로운 인재가 될 수 있다.

무엇을 해야 할까? 아시아미래인재연구소는 7가지를 제시한다. 아주 간단하다. 먼저 당신이 가장 좋아하는 것이 무엇인지를 파악하라. 그리고 지금부터 그 분야와 연관된 다양한 독서와 토론을 즐겨 하라.

- 관심 분야의 전문가를 만나서 전문가가 되는 빠른 길에 대한 조언을 들으라.
- 관심 분야와 관련된, 잘 알려진 2-3군데 단체에 가입하고 학회, 세미나, 정모 등에 정기적으로 참석하라.
- 관심 분야의 베스트셀러 3-4권을 읽고 각각 한 페이지로 요약하라.
- 관심 분야의 내용을 직간접적으로 다룬 방송 자료들을 케이블TV, IPTV, 인터넷 방송 등에서 찾아보고 각각에 대해 한 페이지로 요약하라.
- 주위 사람들을 대상으로 하든지, 인터넷 카페나 관공서, 주민센터에 광고를 하든지 해서 1-3시간짜리 무료 세미나를 열어라. 강의를 할 수 있는 장소는 모임형 카페를 통해 얼마든지 저렴한 가격에 구할 수 있다.
- 주제와 관련된 업계의 전문지나 인터넷 신문사 1-2곳에 글을 기고하겠다고 제안해보라. 당신의 전문성이나 경력을 의심하면 잘 알려진 전문가를 인터뷰하여 기사를 쓰겠다고 하라. 한 번만 하고 나면 당신의 이력에 '기고가'라는 타이틀이 붙여질 것이다. 여기까지는 단기적으로 전문 분야에 진입하는 기술이라 할 수 있다.
- 이제부터는 1만 시간을 투자하여 진정한 전문가로 거듭나라

(대체적으로 어느 분야든 세계적인 전문가가 되는 데 필요한 시간은 대략 1만 시간이다).

두 번째로 '예술적 감성 디자인 능력과 예술적 커뮤니케이션 능력'을 향상시켜야 한다. 미래 사회는 네트워크가 아주 중요한 조건이 된다. 좋은 네트워크는 단순히 기계나 컴퓨터가 만들어주는 것이 아니다. 좋은 네트워크는 탁월한 감성 디자인 능력과 커뮤니케이션 능력을 가진 사람에 의해서 만들어진다. 그래서 인재가 되려면 '감성 디자인 능력과 커뮤니케이션 능력'을 향상시켜야 한다. 후기 정보화 사회는 기계와 인공지능 컴퓨터들이 인간의 단순 근력과 두뇌 능력들을 대체하거나 확장해가기 때문에 인간에게 요구되는 차별적인 능력인 '감성'이라는 키워드가 더욱 중요하게 될 것이다. 감성 디자인 능력이란 무엇인가? 『2030 기회의 대이동』은 다음과 같이 서술했다.

감성 디자인 능력이란 사람들의 감정을 조작하는 것이 아니다. 사람들이 미처 발견하지 못한 행복의 느낌들을 새롭게 디자인하거나 향상시키고 이를 지속 가능하도록 경영해주는 능력을 의미한다. 그중에서도 미래 사회는 스토리를 활용한 감성 커뮤니케이션 기술이 가장 강력한 효과를 발휘할 것이다. 즉 소리 스토리, 영상 스토리, 음악 스토리, 텍스트 스토리 중 하나를 사용하거나 이 중 몇 개를 혼합하여 멀티미디어적으로 커뮤니케이션하는 것이 부를 생성하는 데 절대적으로 필요하다.

더불어 외국어 활용 능력도 필수적인 커뮤니케이션 능력이 될 것이다. 미래 사회는 글로벌화가 가속화되는 시대이기 때문에 남녀노소 구분하지 않고 최소 1개 이상의 외국어를 활용할 줄 알아야 한다. 단순히 물건을 사거나 음식을 주문하는 정도가 아니라 더 활발하게 소통할 수 있는 수준의 실력이 요구될 것이다. 아주 간단한 예로 당신이 한국어밖에 할 수 없으면 한국이라는 무대가 전부이겠지만 중국어를 사용하는 순간 25배로 시장을 넓힐 수 있고 영어를 한다면 당신의 시장은 40배가 넓어질 것이다.

마지막으로 미래 사회에서는 현실 세계의 리더십뿐 아니라 가상 세계, 즉 온라인상의 리더십도 훈련해야 한다. 가상 세계의 리더십은 현실 세계와는 다르게 융화, 신뢰성, PM(Project Management) 능력 등이 매우 중요한 요소가 된다. 이런 자질들을 갖추어야 양질의 네트워크를 지속적으로 생산하고 유지할 수 있다.

- **Relationship**: 친밀한 관계를 확보하라.
  집단 지성, 지능적 네트워크 그리고 인성

지식이 중요해진 사회에서는 끊임없는 지식의 창출이 대단히 중요하다. 기업도 지식의 중요성을 알기 때문에 막대한 투자를 아끼지 않고 거대한 집단 지성을 만드는 데 총력을 기울인다. 문제는 개인이 거대 집단을 상대로 승산이 있겠느냐는 것이다. 개인이 지식을 끊임없이 생산해낸다는 것은 질적인 면에서나 속도 면에서 분명한 한계가 있다. 집단 지성의 도움 없이 개인이 지속적으로 지식 생산력을 발휘한다는 것 또한 불가능에 가깝다. 해결책은 개인이 온라인과 오프라인을 적극적으로 활용하는 것이다.

이에 대해 어떤 이들은 "전문성 검증이 어렵지 않느냐?"고 반론과 의문을 제기할 수 있다. 가령 유치원생들로 구성된 집단 지성으로는 국정과 기술, 환경, 문화, 제도 등을 논의할 수 없지 않느냐는 말이다. 반은 맞지만 반은 틀리다.

항아리 속 젤리라는 실험을 들어본 적 있는가? 유명한 심리 연구 실험이다. 젤리가 가득한 항아리를 보여주고 항아리 속 젤리의 숫자를 맞추는 게임을 했다. 사람들은 각자의 방식을 사용했지만 정확히 맞추지 못했다. 그런데 놀라운 결과가 발견되었다. 실험에 참여한 사람들이 제시한 답은 제각각이었지만 전체 평균을 구해 보니 항아리 속 젤리의 숫자와 정확히 일치했다. 항아리 속 젤리는 2,845개였다. 수학 전문가들로 구성된 집단이 아니더라도 집단 지성은 놀라운 힘을 발휘한다.

또 하나 재미있는 사실은 수준 높은 지식을 만들어내는 것은 집단의 규모와 비례하지 않는다는 사실이다. 집단의 숫자가 임계점에 도달하면 천 명이든 만 명이든 상관없이 일정한 정도의 효과를 동일하게 얻을 수 있다. 결론은 대기업 수준의 자본 투입이 없더라도 일정 수준의 인원이 모여 집단 지성의 힘을 발휘한다면 대기업 못지않은 성과를 충분히 낼 수 있다는 것이다.

이런 네트워크를 생성해 효과적인 집단의 효용성을 만들기 위해 반드시 갖추어야 할 것이 있다. 바로 좋은 인성이다. 얼굴을 대면하지 않기 때문에 인성의 중요성을 무시할 수 있겠지만 인성은 지식과 네트워크에 가장 중요한 요소다.

예를 들어 공동체가 함께 창조해낸 가치 있는 지식을 개인이 판매하거나 불순한 의도를 가지고 다르게 활용한다면 어떻게 되겠는가? 네트워크를 활용한 집단 지성은 만들기도 쉽지만 무너지기도 쉽다. 이런 일들은 현대사회에서 비일비재하다. 산업스파이, 불법 소프트웨어 복제, 음악과 영화의 불법 유통, 아이디어 도용 등 다양한 분야에서 전반적으로 이루어지고 있다. 따라서 미래에는 인성이 담보된 인재를 선호할 가능성이 높다. 물론 인성을 어떻게 검증하느냐는 의문이 제기될 수 있지만 어찌되었건 인성 좋은 사람을 선호하는 경향이 두드러질 것이다. 지금도 정보는 널려 있다. 인터넷만 활용하면 못 찾을 지식이 거의 없다. 지식과 정보가 중요한 것이 아니라 어떤 사람이 어떤 마음으로 지식을 가공하고 재

창조해내느냐가 중요해진다. 칼이 인간을 이롭게 하는 도구가 되기도 하고 해롭게 하는 도구가 되기도 한다는 사실을 명심해야 한다. 인성이 준비되지 않은 사람들의 지식 융합은 기업과 국가에 재앙이 될 수 있다. 이를 위해 당신은 무엇을 해야 할까? 특히 그리스도인이라면 어떤 역할을 해야 하는가? 복음이 구원에만 국한된다고 생각하지 마라. 우리는 이 세상에서 쓰임받는 자, 세상을 이롭게 하고 변화시킬 자를 세워야 한다. 이것이 참된 그리스도인의 중요한 역할이다.

- **Technology** : 최신 기술을 활용하고 기술지능을 높이라

기술이 미래를 바꾸는 것은 아니지만 기술이 미래의 중요한 가능성인 것은 틀림없다. 앞으로 기술은 굉장히 빠른 속도로 발전할 것이다. 스마트폰은 한국 사회에 정착한 지 10년이 되지 않았지만 그 짧은 시간 동안 한국 사회뿐 아니라 전 세계인의 삶을 바꿔놓았다. 반도체에는 '황의 법칙'이란 것이 있다. 〈위키백과〉는 다음과 같이 설명한다.

> 황의 법칙(Hwang's Law)은 한국 삼성전자의 기술총괄 사장이었던 황창규가 제시한 이론이다. 2002년 2월 미국 샌프란시스코에서 열렸던 국제반도체학회(ISSCC)에서 그는 '메모리 신성장론'을 발표하였는데 무어

의 법칙과 달리 메모리반도체의 집적도가 1년에 두 배씩 늘어난다는 이론이었다. 그는 이에 맞는 제품을 개발하여 이론을 입증하는 데 성공하였다. 2008년에 삼성이 128GB짜리 NAND플래시 메모리를 발표하지 않음에 따라 법칙이 깨졌다.

2008년에 삼성이 메모리를 발표하지 않아서 이 법칙이 깨지기는 했지만 매년 메모리반도체의 집적도는 두 배씩 늘어났다. 이와 같이 미래의 기술들은 생각 이상으로 빠르게 집약적으로 성장할 것이다. 즉 자연으로 들어가 문명과 자발적으로 결별을 선언하지 않는 이상 우리는 기술 발전 속도에 맞춰 혹은 좀 더 빠르게 기술을 습득해야만 쓸모 있는 인재로 평가받을 수 있을 것이다. 어떻게 해야 할까?

첫째, 새로운 기술에 관심을 가지라. 관심이 없으면 흥미도, 재미도 없고 활용도 할 수 없다. 우리에게 있는 선입견 중에 하나는 젊을수록 새로움에 적응하기 쉽고 나이 먹을수록 어려울 것이라는 생각이다. 그러나 필자는 그렇지 않다고 생각한다. 관심의 유무는 나이와 상관없다. 예를 들면 이런 것이다. 난을 키우는 사람은 50대 후반일까 20대 초반일까? 그냥 관심 있는 사람이다. 관심이 있으면 20대에 난을 키우기도 한다. 예전에 60대인 분이 힙합 하시는 것을 본 적도 있다. 젊은이들의 전유물인 것 같지만 음악이기 때문에 관심만 있으면 할 수 있다. 한국에서는 록이나 힙합이 20대가 좋아하는 음악이라는 선입견이 있지만 전 세계적으로는 나이에 상관없이 즐기는 것이 보통이다. 나이에 상관없이 관심이 중요하다. 자기 분야에서 중요한 인재로 인정받길 원한다면 최고의 성과를 낼 수 있는 새로운 환경과 기술의 등장에 늘 관심을 가지고 배우기를 주저해서는 안 된다. 대세와 맞서지 마라. 맞서지 말고 파도를 타듯 가야 한다.

둘째, 필요한 기술이 있다면 숙련도 높이는 훈련을 하라. 세상의 모든 지식과 기술을 내 것으로 만든다는 것은 절대적으로 불가능하다. 모든 것을 습득할 만큼 시간이나 지적 능력이 충분하지 않다. 언제나 말하지만 선택과 집중이 중요하다. 내 분야에 맞는 기술이 있다면 주저하지 말고 습득하라. 수박 겉핥기 식이 아니라 숙련된 수준으로까지 높여야 한다. 그래야 믿고 쓸 수 있는 인재가 된다. 임무가 주어질 때 능숙하게 그리고 누구보다 탁월하게 존재감을 드러낼 수 있다. 시간은 언제나 충분하다. 문제는 '나'다. 지금 시작하기를 권한다.

영국 케임브리지대학 기술경영연구센터의 모타라(Letizia Mortara) 교수는 말했다. "기술지능이란 새로운 기술에 대한 정보를 수집하고 전달하여 조직의 의사 결정 과정을 지원하는 것이다." 당신이 가진 기술지능이 조직을 탁월하게 하는 지원이 될 것이다. 미래에는 이런 일을 할 수 있는 사람이 바로 '인재'다.

미래 인재의 조건

- 사물의 본질을 꿰뚫고 새 관점으로 구조를 파악하는 직관과 통찰력이 있다.
- 무조건 열심을 내기보다 효율적, 조직적, 체계적인 전략을 세운다.
- 전문가 못지않은 지식과 숙련된 기술을 가지고 있다.
- 지성을 올바른 방향으로 사용할 수 있는 인성을 지녔다.
- 최신 기술에 대한 수용력이 크다.

불확실성의 시대다. 엄청난 위기와 기회가 중첩되어 나타나는 시기다. 이런 시기에는 통찰력이 미래의 사활을 결정한다. 우리는 그 어느 때보다 하나님의 시선으로 이 시대를 꿰뚫어 볼 수 있는 지혜를 구해야 한다.

에필로그

멈추지 않길 바란다.
당신은 아이들을 누구보다 깊이 이해하고 있기에…

하나님의 사람만이 세상을 변화시킨다. 지금은 답이 없어 보이고 길이 없어 보이는 인생이지만 하나님은 분명히 말씀을 통해 그들을 변화시키고 그들을 통해 세상을 치유해가실 것이다. 이 귀한 일에 부름을 받은 사람이 교사다.

교사는 단순히 성경을 가르치고 간식과 식사를 제공하는 사람이 아니다. 아이들에게 피자를 사고 햄버거를 사는 이유는 그들의 마음을 알아가고 이해하면서 그들의 마음에 다리를 놓기 위함이다. 그 다리를 매개로 그들의 삶에 들어가고 그들에게 복음을 전한다. 문제는 이 과정이 버겁고 힘겹고 때로는 외롭다는 것이다. 과정의 끝이 어디인지 안다면 아이들을 정말 사랑하기 때문에 버틸 수 있고 견딜 수 있지만 끝을 알 수 없기에 지치고 힘이 든다.

　그럼에도 이 직을 멈출 수 없다는 것을 당신은 누구보다 가장 잘 알 것이다. 왜? 사명이기 때문이다. 사명을 놓는 순간 당신은 의미 없는 인생을 살게 된다. 모든 것을 놓으면 더 자유롭고 더 행복하고 더 기쁠 것이라 생각하겠지만 그렇지 않다. 알다시피 걱정과 염려와 안타까움은 여전히 당신 안에 남아 있을 것이다.

　멈추지 않길 바란다. 당신은 아이들을 누구보다 깊이 이해하고 사랑하고 있다. 본질을 깨달은 당신은 이제 더 힘 있게 사명을 다해야 함도 알고 있다. 멈추지 마라. 조금만 더 힘을 내고 하나님 말씀을 붙들며 사명을 다하길 바란다. 당신이 아니면 누가 이 아이들을 위로하고 축복하고 도전하고 책망하며 안전한 은혜의 길로 인도할 수 있겠는가? 당신에게 임한 하나님의 은혜, 당신의 삶을 인도하신 하나님의 메시지를 당신 말고는 아이들에게 전할 수 있는 사람이 아무도 없다. 당신이 여기서 그만둔다면 아이들은 영적 고아와 같은 삶을 살 수도 있다.

 부디 좀 더 힘을 내어 달려보기 바란다. 당신을 잘 아시는 위로의 하나님이 눈물을 닦아주시며 새 힘을 더하실 것이다. 당신이 넘어지면 누구로도 대체할 수 없다는 것을 하나님이 가장 잘 아시기 때문이다. 밑도 끝도 없는 응원이라고 생각할 수 있겠지만 그럼에도 이것은 사실이다.

우리 주 예수 그리스도와 우리를 사랑하시고 영원한 위로와 좋은 소망을 은혜로 주신 하나님 우리 아버지께서 너희 마음을 위로하시고 모든 선한 일과 말에 굳건하게 하시기를 원하노라(살후 2:16-17).

생명을 살려내는 일에 당신이 끝까지 쓰임받게 되는 영광을 누리길 멀리서 응원하고 기도하겠다. 교사를 통해 자녀들이 예언하고 젊은이들이 환상을 보고 늙은이들이 꿈을 꾸는 축복이 임하길 기대한다.

주

주

1) 소득 5분위 배율: 상위 20% 계층의 평균 소득을 하위 20%의 평균 소득으로 나눈 값.
2) 〈한겨레〉, 2017년 11월 23일자.
3) 네이버 지식백과, "소비자물가지수"
4) 〈한겨레〉, 2017년 11월 23일자.
5) 최윤식·최현식, 『제4의 물결이 온다』, 지식노마드, 290.
6) 두산백과, "인공지능"
7) 최윤식·최현식, 『제4의 물결이 온다』, 지식노마드, 303.
8) 〈매일경제〉, 2016년 1월 19일자
9) 최현식, 『2030 인재의 대이동』, 김영사, 88.
10) 최현식, 『2030 인재의 대이동』, 김영사, 89.
11) 최현식, 『2030 인재의 대이동』, 김영사, 89.
12) 기획재정부, "한계비용"
13) 제레미 리프킨, 『한계비용 제로 사회』 안진환 역, 민음사 2012, 12.
14) 〈인공지능신문〉 2017년 11월 15일자.
15) 최윤식·최현식, 『최윤식의 미래준비학교』, 지식노마드, 29.
16) 조헌국, "4차 산업혁명에 따른 미래 사회와 교육 환경의 변화 그리고 초·중등 과학 교육의 과제," 초등과학교육, 2017, 292.

17) 최연구, "4차 산업혁명 시대의 미래 교육 예측과 전망," Future Horizon 2017, 33.
18) 최연구, "4차 산업혁명 시대의 미래 교육 예측과 전망," Future Horizon 2017, 33.
19) 최윤식·최현식, 『제4의 물결이 온다』, 지식노마드, 402-405.
20) 최연구, "4차 산업혁명 시대의 미래 교육 예측과 전망," Future Horizon 2017, 33.
21) 네이버 국어사전, "갑질"
22) 갑자기 욱해서 "사장 불러"… 을의 숨은 얼굴 '갑질', 유소연 기자, 조선일보, 2017년 7월 22일자.
23) 갑자기 욱해서 "사장 불러"… 을의 숨은 얼굴 '갑질', 유소연 기자, 조선일보, 2017년 7월 22일자.
24) 日 신입사원 "출세 관심 없어"… "임원 돼라" 하면 야만인 취급, 동아일보, 2018년 2월 7일자.

사명선언문

너희가 흠이 없고 순전하여……세상에서 그들 가운데 빛들로
나타내며 생명의 말씀을 밝혀 _ 빌 2:15-16

1. 생명을 담겠습니다
만드는 책에 주님 주신 생명을 담겠습니다.
그 책으로 복음을 선포하겠습니다.

2. 말씀을 밝히겠습니다
생명의 근본은 말씀입니다.
말씀을 밝혀 성도와 교회의 성장을 돕겠습니다.

3. 빛이 되겠습니다
시대와 영혼의 어두움을 밝혀 주님 앞으로 이끄는
빛이 되는 책을 만들겠습니다.

4. 순전히 행하겠습니다
책을 만들고 전하는 일과 경영하는 일에 부끄러움이 없는
정직함으로 행하겠습니다.

5. 끝까지 전파하겠습니다
모든 사람에게, 땅 끝까지, 주님 오시는 그날까지
복음을 전하는 사명을 다하겠습니다.

서점 안내

광화문점　서울시 종로구 새문안로 69 구세군회관 1층
　　　　　　02)737-2288(T)　02)737-4623(F)

강남점　　서울시 서초구 신반포로 177 반포쇼핑타운 3동 2층
　　　　　　02)595-1211(T)　02)595-3549(F)

구로점　　서울시 구로구 시흥대로 577 3층
　　　　　　02)858-8744(T)　02)838-0653(F)

노원점　　서울시 노원구 동일로 1366 삼봉빌딩 지하 1층
　　　　　　02)938-7979(T)　02)3391-6169(F)

분당점　　경기도 성남시 분당구 황새울로 315 대현빌딩 3층
　　　　　　031)707-5566(T)　031)707-4999(F)

일산점　　경기도 고양시 일산서구 중앙로 1391 레이크타운 지하 1층
　　　　　　031)916-8787(T)　031)916-8788(F)

의정부점　경기도 의정부시 청사로47번길 12 성산타워 3층
　　　　　　031)845-0600(T)　031)852-6930(F)

인터넷서점　www.lifebook.co.kr